El género gramatical en español desde el punto de vista semántico

Studien zur romanischen Sprachwissenschaft und interkulturellen Kommunikation

Herausgegeben von Gerd Wotjak

Band 77

PETER LANG
Frankfurt am Main · Berlin · Bern · Bruxelles · New York · Oxford · Wien

Marcial Morera

El género gramatical en español desde el punto de vista semántico

PETER LANG
Internationaler Verlag der Wissenschaften

Bibliografische Information der Deutschen Nationalbibliothek
Die Deutsche Nationalbibliothek verzeichnet diese Publikation in der Deutschen Nationalbibliografie; detaillierte bibliografische Daten sind im Internet über http://dnb.d-nb.de abrufbar.

ISSN 1436-1914
ISBN 978-3-631-62049-6

www.peterlang.de

Índice

Prólogo

La verdadera semántica, que es la parte fundamental de la lingüística, aunque algunos no lo sepan, no puede seguir ese otro camino que ha ido tomando la lingüística más común, pasando a la visión de las lenguas como retrato de la realidad de las cosas y de todos los demás tipos de realidad imaginables, tanto en el caso de los objetos materiales, como en el de los contenidos del pensamiento. Sin embargo, no lo ha hecho, por culpa de ese prejuicio instintivo que nos lleva a considerar el significado como la representación de "lo real" o de lo que irresponsablemente consideramos como real; es decir, desde lo puramente físico a lo puramente mental o, si se quiere, de la manera en que sentimos eso que tan alegremente llamamos "realidad", sin pararnos a pensar un poco.

El ser humano "natural" no es capaz de separar lo que considera real —que ***no es*** necesariamente lo verdaderamente real— de la lengua, del lenguaje, con el que acostumbra hablar de todo. Porque ver las lenguas como objetos primarios o existentes por sí mismos no se corresponde con el sentir común de las personas normales. La ciencia destruye la imagen de la realidad que posee el hombre común. Parménides nos ha parecido siempre un loco cuando lo juzgamos con nuestra experiencia directa de lo que percibimos o consideramos como real: ¿por qué no poseía verdadera existencia el árbol que tenía frente a su casa? Yo recuerdo cómo, siendo estudiantes, nos reíamos mucho de que aquel griego remoto afirmara la ***no existencia*** de aquel árbol que tenía delante de su casa. Y no solo nos reíamos del pobre Parménides, sino del pobre profesor que nos explicaba cosas que él mismo no creía o no entendía. Como eso era algo que había que aprender, pues estaba en los programas oficiales, nuestro profesor nos explicaba aquellas cosas, y cuando alguno de nosotros le decíamos que el tal Parménides tenía que estar loco, él sonreía, seguramente convencido de que el filósofo griego no andaba en sus cabales. Pero ¿estaba realmente loco Parménides? Y, para colmo, ¿cómo es que teníamos que estudiar aquellas cosas tan fuera de razón? Y así pasaron los años y yo terminé mi bachillerato y más tarde mi carrera universitaria, sin llegar nunca a saber qué era lo que pasaba con aquel griego loco, del que seguía hablándose pese a su evidente locura. Y, andando el tiempo, tuve yo que encontrarme con Parménides cara a cara; con aquel loco griego que decía cosas tan fuera de lugar. Vinieron los malos tiempos y yo tuve que emigrar a América, y allí, en Venezuela, me tocó ser profesor de Secundaria en un Liceo, que así llaman allá a los Institutos, y obligado a explicar las asignaturas de Humanidades que me asignaban cada año. Normalmente se trataba de Gramática o de Historia del Arte, pero un día, bueno o malo, me tocó explicar Filosofía. Algo de lo que yo no sabía nada, como suele ocurrirle a muchos profesores, si no a todos. Y, para colmo, en el tema primero se encontraba aquel dichoso Parménides, el loco del que nos hablaba nuestro viejo profesor de filosofía, convencido siempre de que se trataba de un orate cuyas extrañas ideas había que explicar, pese a que a nadie le cabía en la cabeza aquello de que el árbol que tenía frente a su casa no existiera realmente. Muchas noches de angustia precedieron al día que me tocó explicar aquel disparate. Y, ¿qué hice? Pues me puse a pensar: si aquel señor Parménides era tan importante que también fuera de España había que explicarlo, tenía que ser porque tenía alguna relevancia o porque acaso lo que sucedía realmente es que ni nosotros ni nuestro antiguo maestro habíamos sido capaces de explicar cosas tan extrañas. La noche que precedió a la temida hora de clase me la pasé dándole vueltas no al qué, sino al cómo explicar aquel disparate sin que mis revoltosos alumnos no se partieran de risa o me pusieran en apuros buscando una explicación a lo inexplicable, pues eso de que el árbol que tenía el buen Parménides delante no existiera, no me parecía una broma y sabía, además, que aquellos alumnos revoltosos iban a armarme algún pitote. Y pensé, pensé toda la noche, hasta que llegó la mañana fatal y yo me fui al Liceo Briceño Méndez como un alma en pena, pero convencido de que había que satisfacer la atención de los alumnos para que no llegara yo a quedar mal y me fueran a echar de mi empleo, pues a los extranjeros no se les trataba con demasiadas contemplaciones. Y pensé, pensé. Pensaba que aquel señor griego, Parménides, no podía estar loco, porque de lo contrario no lo incluirían en los programas, no solo en los españoles, sino tampoco en los de otros países. ¿No sería que lo que decía Parménides no era una tontería, sino que nosotros, los alumnos alegres y divertidos no lo habíamos entendido, o, peor aún, que nuestro antiguo profesor de filosofía tampoco tenía ni la más vaga idea de lo que pensaba el buen Parménides? Y entonces, ante la posibilidad de que la clase se me disparara y empezaran las burlas, tomé la decisión de contarles a mis alumnos cómo había sido yo también víctima de las locuras de aquel griego ilustre. Y eso hice. Les conté a mis alumnos que un profesor que habíamos tenido nos contaba aquello y que nosotros nos burlábamos de él, diciéndole que aquel filósofo era un loco o un pendejo, como se decía allá. Y así, en cuanto me puse a contar las cosas de Parménides y cómo nadie se lo podía tomar en serio, caí de pronto en la cuenta que no se puede pasar a la Historia y alcanzar tanta fama por haber dicho una estupidez. Y mis alumnos callaban y prestaban mucha atención: ¿era o no un disparate lo que decía Parménides? Y todos estuvieron de acuerdo conmigo. Aquello, o era un disparate o no lo habíamos sabido entender, pues ¿qué quería decir eso de que el árbol que había frente a su casa no existiera? Pues, como es evidente, ese árbol no existía: lo que existe es *el árbol*, el ente o palabra, que solo puede ser igual a sí misma. Parménides había descubierto la teoría, la visión teórica que es capaz, a través de la palabra, de distinguir **LO QUE ES** DE **LO QUE NO ES**, que no son más que las infinitas manifestaciones de lo que realmente es. Era evidente que el árbol que estaba frente a la ventana de Parménides "no era"; no tenía la identidad del ser, esa identidad que ***hace de la palabra la verdad de la palabra misma***. Por eso es vano el diccionario; porque olvida que ***dar***, por ejemplo, no son todas las cosas que aparecen en el diccionario, sino solamente **DAR** y eso puede abarcar infinitos objetos de la experiencia cotidiana. La palabra solo se nombra a sí misma y cuando se usa para nombrar cosas concretas les comunica su propia esencia significativa. Por eso "producir fiebre" no es ni puede ser lo mismo que "dar fiebre", y mientras que eso no se aprenda no se entenderá nunca qué es el significado de una palabra o de una expresión cualquiera, sino que se perseverará en la confusión absoluta de los diccionarios, que sin duda son útiles, pero no para entender la lengua, sino para entender las variedades especializadas de determinados usos concretos de una lengua.

Una palabra, un morfema, una expresión o un texto solo tienen un significado; es decir, una identidad absoluta, de la misma manera que el famoso árbol de Parménides. Y que no se diga que decir eso es no decir nada: el árbol de Parménides es el único que existe, al margen de todos los objetos que decidamos entender como árboles, sea el árbol de levas de un motor o el árbol genealógico de una familia que se sienta importante. El significado es la identidad absoluta de toda palabra, morfema o texto, y nunca variará, pues solo las interpretaciones pueden variar eternamente. Es la razón por la que se puede entender Hamlet con independencia de lo que miles y miles de estudiosos hayan querido ver en él. Y, en fin, por eso el género gramatical del español, es siempre lo mismo, pese a que, como el árbol de Parménides, pueda parecer una cosa diferente en cada uno de los usos o en cada situación. Y al género, que es lo que ahora nos interesa, le pasa exactamente lo mismo que al árbol de Parménides. Unos dicen que significa el sexo de las personas o animales, como en *el niño / la niña* o en *el gato / la gata*. Otros piensan que también significa la dimensión, como en *cesto / cesta* o en *el ramo / la rama* o en *el rano / la rana*, etc. Pero todos sabemos que *vaca* no es el femenino de *toro*, ni *yegua* el de *caballo*. Para Bello, el género es "la clase a la que pertenece el sustantivo, según la terminación del adjetivo con que se construye, cuando este tiene dos en cada número", una definición sintáctica que solo atiende a la distribución, de manera que si hubiera tres terminaciones adjetivas que se construyeran con determinadas clases de sustantivos, habría tres géneros en esa lengua o, si por el contrario, no hay ninguna clase de sustantivos que exijan terminaciones particulares en el adjetivo, como sucede en inglés, no habrá género en esa lengua. Una definición formal hecha con intención pedagógica, pero que no logra explicar qué significa el género en las lenguas que lo tienen, como el español en nuestro caso, sino dónde y cómo se encuentra. Lo que hizo Bello fue desembarazarse de las complicaciones semánticas que hay en el significado del género. ***Él no nos dice qué es*; *sino dónde está***. Pero Morera no quiere conformarse con esta simplificación sintáctica y acude a un análisis semántico del género en español que no se base solo en la sintaxis, ni en el sexo, ni en la dimensión… Lo suyo es identificar científicamente el género, al margen de toda clase de trucos sencillos y elementales como el sexo, la dimensión o la concordancia gramatical, etc., etc. El género no es una cosa que exista en la naturaleza, sino en algunas lenguas y solo como partes constitutivas de ellas. El género no es un objeto absoluto.

Lo que Morera trata de aclarar de una vez para siempre es que el género no es un procedimiento gramatical polisémico, que signifique 'macho' / 'hembra', en usos casos, 'grande' / 'pequeño', en otros, 'árbol' / 'fruto de ese árbol', en otros, etc., etc., ni un procedimiento gramatical vacío de significación lingüística. El valor del género es, por el contrario, estrictamente formal y no depende de los sentidos contextuales que sugiere su uso. Para este estudioso, el problema está en encontrar su valor invariante en español, su valor auténtico y constante, al margen de lo anecdótico de sus múltiples valores contextuales concretos. El análisis semántico debe buscar los valores precisos de una o de varias unidades, al margen de lo que parezcan a primera vista en tales o cuales usos concretos. Para Morera —y para cualquiera que piense— está claro que hemos estado definiendo el género gramatical del español basándonos en sus más diversos sentidos contextuales y dejando de lado la rigurosa ordenación fundamental de la materia lingüística que, para ser inteligible, no puede poseer más que un orden constante e inmutable. Recordemos a Saussure, que ya había dejado claro que una lengua es *forma* y no *sustancia*; es decir, ley ordenada rigurosamente, y no mero caos difuso y sin límites precisos. Los límites de las unidades semánticas —las unidades de una lengua— solo pueden ser absolutamente precisos. Tal es el requisito fundamental de cualquier lengua: la aparente imprecisión solo existe en la visión intelectual y subjetiva de los usuarios; nunca en la lengua misma, que sería en tal caso, incomprensible y que no serviría para nada.

En la tradición lingüística ha dominado con mayor o menor fuerza el imperio de la razón y, por tanto, la búsqueda de las "reglas" que siguen las diversas lenguas —el orden riguroso—, pues no cabría imaginar un lenguaje en que no existieran reglas o principios de ninguna clase. Si no hay reglas, solo hay caos y una teoría debe tratar de evitar el desorden buscando los elementos constantes, que son los "componentes invariantes", es decir, inmutables, de las lenguas. Es cierto que no se han descubierto jamás todas las invariantes de una lengua dada, pero no se puede dudar de que la tarea del gramático, del lingüista, solo puede ser esa, aunque es probable que jamás alcancemos a abarcar la complejidad absoluta de todos los fenómenos del lenguaje. En el caso presente, Morera ha sometido a un severo análisis el estudio del género en español y ha ido descubriendo nuevas reglas invariantes o constantes que no habían sido observadas adecuadamente antes. Tal es el destino de las ciencias humanas —y la lingüística lo es— y por esto el camino del saber y del averiguar no termina jamás, porque nos hallamos ante un universo vivo o cambiante, tanto en el aspecto de las ciencias humanas, como en de las físico-matemáticas. Cada cosa, cada manera de ser el mundo, cada variación en el comportamiento de los acontecimientos que nos rodean, no obliga perentoriamente a intentar explicarnos sus causas y las reglas con que se han movido. Porque la diversidad de las cosas es infinita y no son iguales las cosas miradas desde una lengua que desde otra, o miradas desde un punto de vista o desde otro. El género, que es objeto de este magnífico estudio de Morera no tiene nada que ver con lo que pasa, por ejemplo, en la lengua inglesa, en la que el género nominal no existe, por lo que las complejas reglas o leyes del género en español en nada se parecen al mundo que se ve desde esa otra lengua. El que los seres tengan sexo o no es algo que a la lengua inglesa no le interesa en su estado actual. No se puede hablar en serio del género en inglés, salvo que lo dejemos para diferenciar cosas que no pertenecen a la lengua misma como puede ser el sexo real de los seres vivos. Decir que el ser *man* es masculino en inglés y femenino *woman* no pasa de ser una ingenuidad gramatical, porque, formalmente, la lengua inglesa ignora unas diferencias que pertenecen exclusivamente al mundo biológico animal y no al lenguaje. En cambio, es *Mann* masculino en alemán y *Frau* femenino, y aún queda otra posibilidad que no puede entenderse desde el español, que es la de por qué, igualmente en alemán, *Weib*, también mujer, no es propiamente ni masculino ni femenino, razón por la que nosotros no podremos traducirlo "exactamente" al español, ya que acaso nos resulte complicado distinguir semánticamente *Frau* de *Weib*, e incluso, saber si se trata de diferencias de género o de otra naturaleza, pues cada lengua es un mundo diferente, una selva que no podemos conocer bien ni a fondo.

Y entrando ya en materia, Morera comienza a separar lo que es distinto y a unir lo que es igual. Para empezar separa los sustantivos que portan género en sí mismos, como *niña*, *gato*, *leño o ciruelo*, de los que lo llevan sintagmáticamente, gracias al género del determinante, como en *sol*, *sal*, *violín*, *frente*, etc., en los que el género está en el determinante que hace de núcleo del sintagma, como en *el sol* o *la sal*. En estos últimos, el género es sintagmático, porque pertenece al núcleo del sintagma. Si decimos que *sol* es masculino es porque lo analizamos sintácticamente como complemento en *el sol* o en *este sol*. Y de esta misma manera toman género sustantivos como *gallina*, *soldado* o *bestia*, pues diremos, según las circunstancias *el gallina*, *la soldado o el bestia*, o, al contrario, *la gallina*, *el soldado o la bestia*. Muy agudamente, nos hace ver Morera que lo que realmente interesa a la gramática no es la oposición *macho / hembra*, sino el conjunto de las oposiciones posibles, como *macho / macha*, *hembro / hembra*. Ha quedado justamente descartada la noción de sexo en sentido estricto.

Analiza Morera, además, la teoría de Hjelmslev, en el sentido de 'concentración de la sustancia', para el masculino, y 'expansión de la sustancia', para el femenino. Acoge ahí Morera la cuestión, esencial en la lingüística, "el punto de vista": ya Hjelmslev estaba hablando del punto de vista para buscar la esencia del género.

Señala Morera que el género masculino en español no es marcado, como se observa en expresiones como *preso*, *travieso*, *junto*, *suelto*, en tanto que las formas *presa*, *traviesa*, *junta*, *suelta*, presentan la sustancia especializada en un sentido determinado. Y ahí está sin duda la clave fundamental del contraste genérico. Así —nos hace ver Morera— que *niño*, por ejemplo, no significa 'persona de pocos años varón', sino solo 'persona de pocos años', sin aludir al sexo pues no se trata de género marcado; cosa que no sucedería con *niña*, que sí significa 'persona de pocos años hembra', en la que el género posee el significado marcado del género. "Que el morfema de masculino —aclara Morera— presente el sustantivo de base como denominación genérica, no significa… que carezca de marca semántica, frente al femenino, sino precisamente todo lo contrario: la variante masculina del género gramatical presenta la significación del sustantivo en forma neutra porque orienta la sustancia hacia ella misma, enfocándola. La generalidad del masculino no procede de que carezca de marca semántica, como parece dar a entender la expresión *miembro no marcado de la oposición*, sino más bien que esa marca semántica presenta a la sustancia de manera que lo que se destaca es ella misma y por sí misma". "Cuando un cabrero canario dice que tiene unos *cabros*, no quiere decir que tenga unas cabras machos, como interpretan algunos. Simplemente dice que, por las razones que sean (dar poca leche, tener un carácter muy arisco…) esos animales no son cabras en toda su plenitud, sino cabras reducidas a lo más elemental de la 'cabridad'… El masculino, que presenta la sustancia en su estado primitivo, básico o elemental, no se usa aquí para designar el macho de la especie, sino más bien para valorar el animal negativamente".

No quiero entrar en los detalles de este magnífico trabajo, pero sí dejar claro que el papel de la semántica textual y de la semántica en general, no es otro que el de precisar la categoría, en este caso, del género en español, evitando todo tipo de confusiones con esa variedad de sentidos que han perturbado la buena comprensión de la lengua a tantas personas. Un mal que sigue siendo académico en gran medida y que no nos llevará nunca a ninguna parte.

Pues las cosas han de conocerse en su ser y no en sus infinitas manifestaciones posibles. Morera reduce o amplía de nuevo la idea de significado. Y, al fin, ya sin sexo ni nada semejante, sino como concentración de la sustancia nos encontramos con los significados del género propiamente dicho, sin confundir las palabras con las cosas o con los conceptos derivados del análisis lógico de las cosas.

Este trabajo de Morera me parece una pieza esencial en esta búsqueda constante que él ha venido haciendo siempre en el camino de desbrozarlo bien y dejar las nociones lingüísticas aisladas de las sustancias referenciales, o, si se quiere de la imagen física de las cosas. Y así nos deja bien claro que la forma *–o*, por ejemplo, que es la considerada sin más aclaraciones como la masculina, la que señala varón, se limita en realidad a orientar la sustancia hacia ella misma, dejándola a nuestra vista como orientada hacia dentro, sin otros valores añadidos tomados del contexto general en que se encuentre: la sustancia se orienta ahora centrípetamente, concentrada en sí misma. Y así una raíz como *gat–*, con la ayuda del signo masculino se orienta "hacia dentro", dejando de lado posibles datos externos a esa misma sustancia semántica. Por eso *gat–o* concentra todo su significado en sí mismo, de manera que puede abarcar tanto el sentido masculino como el femenino, cosa que no puede hacer el "marcado" *gat–a*.

En *gat–o*, por el contrario, la sustancia está en sí misma y es ajena a toda marca externa, de ahí que puede albergar sentidos como el de *gat–a*, sin contradicción, cosa que ese *gat–a* no puede hacer, ya especializado en la marca genérica. Por ello, la variante masculina significa la delimitación de la sustancia: es esa sustancia y no otra diferente, ni se agrega ninguna marca que la distinga. *Gato* es solo eso y nada tiene que ver con la especificación del femenino, en *gata*, por ejemplo. Muy claro lo deja Morera cuando afirma que "en las formas *músico*, *arado*, *manzano*, *puesto*, *gato*, *conducto*, *bombo* y *tormento*, por ejemplo, la significación invariante 'orientación centrípeta de la sustancia' de *–o* se limita a enfocar o delimitar las sustancias implicadas en los lexemas nominales *músic–*, *arad–*, *manzan–*, *puest–*, *gat–*, *conduct–*, *bomb–* y *torment–*, presentándolos como meros nombres de la persona, animal o cosa de que se trata, que, luego, por supuesto, puede ser interpretado en sentidos lógicos primarios diversos, según los contextos: 'agente', 'instrumento', 'árbol', 'lugar', 'materia', 'género', 'macho', 'parte de un todo', 'base de cuantificación', 'elemento del que se separa una parte', etc., actualizaciones directas todas de la significación invariante 'orientación centrípeta de la sustancia', y no derivaciones metafóricas del sentido sexual de 'macho', como quieren algunos autores". Y así es exactamente.

Creo, en fin, que Morera nos deja, al fin, con una clara visión del género en español, sin confundir forma con sustancia y sin perderse en una inútil casuística, como ha solido hacerse siempre. Por todo ello, es para mí un placer prologar o, mejor, encabezar esta magnífica publicación nueva de mi viejo amigo y colega, el profesor Marcial Morera.

Ramón Trujillo

I EL GÉNERO GRAMATICAL EN ESPAÑOL, DESDE EL PUNTO DE VISTA SEMÁNTICO

El objetivo último de todo
estudio es la pura teoría (Aristóteles)

1 Estado de la cuestión

Por razones semántico-lingüísticas, referenciales y formales muy diversas, ese mecanismo idiomático que los estudiosos del lenguaje llaman *género gramatical* ha planteado siempre, y probablemente seguirá planteando en el futuro, uno de los problemas más intrincados y de más difícil solución de la morfología nominal de la lengua española.

En primer lugar, ha planteado un problema intrincado y de muy difícil solución porque se trata de un procedimiento gramatical de una absoluta pureza semántico-formal, imposible de identificar con cualquier valor referencial o denotativo concreto. Como saben desde hace tiempo los buenos estudiosos del lenguaje, en sí mismo y por sí mismo, el género gramatical no significa 'sexo', al contrario de lo que inducen a pensar parejas del tipo *gato* / *gata* o *hijo* / *hija*, por ejemplo. Tampoco significa inherentemente 'dimensión', como podrían hacer pensar parejas del tipo *leño* / *leña*, *guitarro* / *guitarra*, *jarro* / *jarra*. Tampoco tiene nada que ver el género con la oposición conceptual 'árbol frutal' / 'fruto de ese árbol' (v. gr., *manzano* / *manzana*, *almendro* / *almendra*), aunque ocasionalmente se use para designar estas realidades vegetales. Asimismo, también hay que descartar la idea de que el género gramatical carezca de significado constante, por mucho que haya formas nominales como *libro* o *silla* donde la moción de género no parece tener motivación semántico-denotativa alguna. No, el género ni es un procedimiento gramatical polisémico, que signifique 'macho' / 'hembra', en unos casos, 'grande' / 'pequeño', en otros, 'árbol' / 'fruto de ese árbol', en otros, etc., ni un procedimiento gramatical vacío de significación lingüística. El valor del género es de naturaleza mucho más semántico-formal, mucho más interno a la lengua que todo esto. Se trata de un valor invariante que permite expresar todos los contenidos conceptuales mencionados (y muchos más), sin alterar lo más mínimo su índole semántica inherente, como veremos en el apartado siguiente.

En segundo lugar, nos encontramos ante un problema lingüístico arduo, por el hecho importantísimo de que, junto a su mencionada significación básica, el género gramatical lleve aparejada una función formal de concordancia (de concordancia significante, no semántica), cuyo papel básico es indicar con qué sustantivo concreto se relaciona determinado adjetivo o pronombre. Esta función formal del morfema que nos ocupa hace que pase a segundo plano, o quede sin efecto referencial, su función semántica, cuando la base nominal afectada no formaliza más que una de las dos posibilidades que esta categoría gramatical presenta en la lengua española. Es el caso de las formas *mesa*, *asiento*, *la libertad*, *la población* y *tintero*, por ejemplo, cuya determinación genérica parece carecer de motivación referencial alguna. Con todo, hay que tener en cuenta que, del hecho de que los morfemas de género carezcan de función referencial en determinados contextos, no se puede extraer la conclusión de que los mismos pierdan su significación semántico-formal, como hemos de analizar más adelante.

En tercer lugar, constituye el género un problema idiomático de muy difícil explicación por la misma heterogeneidad referencial (macho / hembra, pequeño / grande, agente / actividad, instrumento / actividad, acción / resultado, lugar / cosa que se pone en ese lugar, árbol / fruto...) que, como acabamos de señalar, implica, imposible de reducir a una clase conceptual más o menos homogénea. Nosotros mismos habíamos dicho hace tiempo que el género "no es susceptible de ser estudiado sistemáticamente desde la óptica semántica, pues opera de forma arbitraria en cada uno de los casos" (Morera 1985: 116). En muchas ocasiones, esta desconcertante heterogeneidad de sentidos contextuales llega a extremos de especializar las dos variantes genéricas de un mismo nombre en valores denotativos que absolutamente nada tienen que ver entre sí (v. gr., *el cometa* / *la cometa*, *conducto* / *conducta*, *el frente* / *la frente*, *tormento* / *tormenta*...), o a presentar esas formas como meras variantes de expresión de un mismo referente: v. gr., *cántaro* / *cántara*, *centollo* / *centolla*, *caneco* / *caneca*, *cencerro* / *cencerra*, *el sartén* / *la sartén*, *mortero* / *mortera*.

En el primero de los casos citados, la diferencia referencial entre las dos variantes es tan drástica, que ha llevado a muchos autores a pensar que lo que hay realmente aquí no son ya variantes genéricas de un mismo nombre, sino más bien nombres léxicamente distintos. "Algunos sustantivos —señala Emilio Alarcos— se combinan con cada uno de los géneros, alterando así su significado y la designación que efectúan en la realidad, de modo que podrían considerarse como dos signos de significado diferente y significante común u homófono. Nótese la oposición de sentido entre los masculinos *el frente*, *el editorial*, *el corte*, *el orden*, *el margen*, *el cometa*, *el coma*, *el cólera*, *el tema*, *el parte*, etc., y los femeninos *la frente*, *la editorial*, *la corte*, *la orden*, *la margen*, *la cometa*, *la coma*, *la cólera*, *la tema*, *la parte*, etc." (Alarcos 1994: 62). También nosotros habíamos señalado hace ya tiempo que en estos casos "parece más bien que el contraste semántico viene dado por las mismas bases léxicas, que significan cosas netamente diferentes" (Morera 1985: 115). Pruebas evidentes de que no se trata de variantes gramaticales de un mismo nombre, sino de nombres léxicamente distintos, serían que ambos elementos no pueden coordinarse como miembros de un mismo conjunto y que, en muchas ocasiones, la definición de uno de los términos conlleva la presencia del otro, como señala Théophile Ambadiang en el párrafo que sigue: "La coordinación léxica permitida entre las dos palabras que conforman el par, con *hijos* como solución, resulta imposible en pares del tipo *manzano* / *manzana*, cuyos miembros son palabras diferentes y tienen referentes de distinta naturaleza, como muestra el hecho de que (la paráfrasis de) el significado de *manzano*, por ejemplo, incluye al del otro miembro" (Ambadiang 1999: 4880). Quedaría, pues, demostrado que lo que diferencia a cada uno de los constituyentes de las parejas de nombres mencionadas no es tanto el género gramatical, localizado al final de la palabra o en el determinante o adjetivo que los acompaña, cuanto la significación léxica, localizada en su raíz.

Para otros autores, no se trata tanto de nombres léxicamente distintos, sino de un problema de género derivativo (es decir, no regular), no flexivo (es decir, regular) (Murillo 1999, Lliteras 2008 y Serrano-Dolader 2010). Si parejas como *manzano* / *manzana*, *banco* / *banca*, *músico* / *música* se comportan de forma distinta de parejas como *niño* / *niña*, *gato* / *gata*, *mozo* / *moza*, etc., no es porque sus constituyentes presenten significación léxica distinta, sino porque el morfema de género desempeña en cada caso función distinta: en los primeros ejemplos, actúa como morfema derivativo o léxico; en los segundos, como morfema flexivo o gramatical.

En el segundo caso, cuando las dos variantes genéricas de un mismo nombre se usan indistintamente para designar un mismo referente, se habla de *nombres de género ambiguo*. Según el parecer tradicional, la diferencia de género no tiene aquí efecto semántico alguno. Es lo que ocurriría en el caso de las formas *azucarero* / *azucarera*, *mortero* / *mortera*, *el mar* / *la mar*, *el armazón* / *la armazón*, *el azumbre* / *la azumbre*, *el interrogante* / *la interrogante*, *el maratón* / *la maratón*, *el prez* / *la prez*, *el pringue* / *la pringue*, *el ánade* / *la ánade*, *el color* / *la color*, etc., etc., que serían palabras totalmente sinónimas. "Contrario es el caso —señala el citado Alarcos— de los sustantivos llamados *ambiguos*, los cuales, sin modificar su significado, admiten la combinación con los dos géneros: *el mar* / *la mar* (pero siempre masculino el plural *los mares*), *arte cisoria* y *arte románico* (pero plural *artes gráficas*), *azúcar moreno* y *azúcar blanca* (pero plural *azúcares refinados*), *el dote* y *la dote* (pero plural *las dotes*)" (Alarcos 1994: 62). Si alguna diferencia se reconoce entre las dos variantes de los sustantivos de género ambiguo, esta se reduce al ámbito del uso o al de la estilística o semántica intensiva, como señala la Academia en el párrafo que sigue: "Es infrecuente que los mismos hablantes usen los sustantivos ambiguos en los dos géneros, en las mismas expresiones y sin diferencia de significado. Así, el sustantivo *mar* se usa como femenino en el lenguaje de los marineros [...]. El empleo de *calor* como femenino no pertenece al español estándar. Se registra sobre todo en el lenguaje popular del español europeo meridional, en el Río de la Plata y en ciertas regiones del área andina. En el español de Andalucía (España) se percibe incluso una diferencia de intensidad a favor del femenino (*el calor*, *las calores*) en relación con el masculino" (Academia 2009: 113). En todo caso, nos encontraríamos, no ante diferencias semánticas esenciales, que son, según el parecer que consideramos, las denotativas o conceptuales, sino ante diferencias semánticas accidentales, es decir, connotativas o estilísticas.

El desconcierto que ha producido este aleatorio funcionamiento referencial del género gramatical a los que confunden la significación propiamente lingüística con sus sentidos en la realidad concreta del hablar, ha determinado que en muchos casos se haya intentado dar repuesta científica al espinoso asunto que nos ocupa con soluciones más o menos simplistas.

La más burda de ellas, y la que ha gozado de mayor predicamento a lo largo de la historia de los estudios del lenguaje, por la indudable importancia de su referente, es aquella que reduce el género gramatical a marca sexual (*masculino* 'macho' / *femenino* 'hembra') de los nombres designativos de entes animados, con exclusión de cualquier otra sustancia (como la dimensión, por ejemplo), que se considera secundaria. "*Género* es, pues —nos dice Rafael Seco—, el accidente gramatical que corresponde al sexo. Cada una de las dos formas tiene un género correlativo al sexo del animal que representa. En español solo hay dos géneros: el *masculino*, que corresponde a los varones y a los animales machos, y el *femenino*, que corresponde a las mujeres y animales hembras" (Seco 1975: 18). Las personas y los animales son masculinos o femeninos porque tienen sexo, es decir, órganos reproductores activos o pasivos (Esteban Rodríguez 1947: 42). Aunque de forma mucho más atenuada, todavía en la *Nueva gramática de la lengua española* de la Academia se incide en el mismo planteamiento: "el género gramatical aporta información semántica con los sustantivos que designan seres animados, ya que suele diferenciar el sexo que les corresponde" (Academia 2009: 83). Desde este punto de vista, según su particular morfología o combinatoria sintáctica, los nombres designativos de seres animados se clasificarían en cuatro grupos distintos: *nombres masculinos*, aquellos que designan animales varones o animales machos; *nombres femeninos*, aquellos que designan mujeres o animales hembras; *nombres comunes*, aquellos que diferencian el género mediante combinatoria sintáctica: v. gr., *el mártir* / *la mártir*; y *nombres epicenos*, aquellos que se usan para designar personas o animales machos o personas o animales hembras indistintamente: v. gr., *lince*. En este último caso, solamente resultaría posible distinguir el género (entendido como sexo) añadiendo los calificativos de *macho* para el masculino y *hembra* para el femenino: v. gr., *lince macho* / *lince hembra*.

Además de esto, se considera que el género (entendido como sexo, insistimos) puede expresarse mediante otros procedimientos formales. De un lado, el femenino puede expresarse, además de con el sufijo *–a*, que es predominante, con los sufijos *–ina* (*gallina*, *heroína*…), *–esa* (*–isa*) (*abadesa*, *poetisa*, *tigresa*…) e *–iz* (*actriz*, *institutriz*…). De otro lado, también puede expresarse el género mediante palabras distintas, y entonces se habla de *género heterónimo*: v. gr., *caballo* / *yegua*, *padre* / *madre*, *macho* / *hembra*, *yerno* / *nuera*, *hombre* / *mujer*, etc. "Con esto queremos decir —escribe Esteban Rodríguez— que *hombre* y *mujer* son el mismo ser, la misma sustancia, igual naturaleza, la misma especie *homo* fuera de las peculiaridades del sexo" (Esteban Rodríguez 1947: 39). De acuerdo con este parecer, lo que diferenciaría a los miembros de cada una de las parejas de palabras citadas no es la significación léxica presente en su raíz, que sería la misma en los dos casos, sino la significación gramatical de género o sexo. Por tanto, los constituyentes de las oposiciones *caballo / yegua*, *padre / madre*, *macho / hembra*, *yerno / nuera*, *hombre / mujer*, etc., se encontrarían en la misma relación semántica que los miembros de las oposiciones *niño / niña*, *gato / gata*, *gallo / gallina*, *poeta / poetisa*.

Otra cosa muy distinta sería lo que sucede con los nombres designativos de cosas. La diferencia de género en este caso se limitaría a expresar valores muy diversos, no sistematizables, que irían desde el tamaño (*pito / pita*, *bolso / bolsa*) (*género dimensional*) hasta diferencias referenciales más o menos diversas, como 'modelo' / 'objeto que se parece con un modelo' (v. gr., *el cometa / la cometa*), 'lugar' / 'cosa que se localiza en ese lugar' (v. gr., *el frente / la frente*), 'materia' / 'cosa que se hace con la materia' (v. gr., *trazo / traza*), 'árbol' / 'fruto que produce ese árbol' (v. gr., *manzano / manzana*), 'agente' / 'lugar donde realiza su actividad el agente' (v. gr., *tertulio / tertulia*), 'cosa' / 'ámbito al que pertenece la cosa' (v. gr., *el editorial / la editorial*), etc., etc. "Mientras que el género semántico de los nombres animados —escribe T. Ambadiang— depende exclusivamente del sexo del referente, la correlación entre el género de un nombre inanimado y la información relativa a su referente resulta poco sistemática" (Ambadiang 1999: 4856). Que sepamos, ha sido Millán Chivite el primero en intentar establecer una clasificación más o menos exhaustiva y coherente de gran parte de estas diferencias denotativas, en su "Tipología semántica de la oposición de género no sexuado en español" (Millán Chivite 1994).

Este prejuicio de que lo que significa el género gramatical es sexo ha pesado tanto en nuestra tradición gramatical, que no han faltado incluso quienes hayan intentado explicar los efectos de sentido (pequeño / grande, despectivo / neutro, árbol / fruto, agente / actividad, género / especie…) que desarrollan los morfemas de género en el caso de los sustantivos que designan seres inanimados como meras extensiones semánticas o aplicaciones metafóricas del sexo. Tal es el proceder de, por ejemplo, Rufino José Cuervo, sin ninguna duda uno de los filólogos más justamente acreditados de la cultura hispana: "Por la influencia que el lenguaje tiene sobre las ideas —afirma el autor del excelente *Diccionario de construcción y régimen de la lengua castellana*— sucede que, quiera o no quiera, siempre se imagina uno como de este o del otro sexo a objetos destituidos de él, según la forma material de sus nombres; y como el hallarse en un objeto de un sexo algunos de los caracteres del otro produzca una deformidad, cualquiera forma gramatical que represente como macho lo que acostumbramos figurarnos como hembra, es despectiva, es una caricatura: según esto la *–o* de *guitarro* tiene el mismo valor que en *marimacho* damos a la última parte del componente. Ni es inoportuno observar que por un procedimiento análogo agregamos a veces el signo femenino cuando queremos establecer entre objetos inanimados una diferencia semejante a la de macho y hembra; así, como estas se distinguen generalmente por la anchura y redondez de sus formas, llamamos *ría* a la parte ancha de un río a su entrada en el mar, y entre nosotros el vulgo ha bautizado *tambora* al bombo, y *sauza* al sauce copudo y no muy alto, para diferenciarlo del erguido y cenceño. También se nota que habiendo dos nombres radicalmente idénticos, pero masculino el uno y femenino el otro, suele hallarse una diferencia parecida: una *cuba* y una *caldera*, por ejemplo, son más anchas y corpulentas que un *cubo* y un *caldero*, tal que se siente uno tentado a ponerles el *Doña*" (Cuervo 1954: 43-44).

Esta forma de ver las cosas viene, en realidad, desde la filología clásica, donde el antropomorfismo que comentamos ha gozado de aceptación más o menos general. "Los griegos —nos dice Bruno Snell— se representan los ríos como divinidades masculinas, y, por ello, los nombres de los ríos son masculinos; en los árboles verán actuar a divinidades femeninas, driadas, y, por ello, tienen los nombres de árboles género femenino. En pueblos distintos pueden ser distintos los conceptos mitológicos; así, la antigüedad clásica ve en el Sol a un dios y en la Luna a una diosa, de modo que Helios y Sol son masculinos, pero Selene y Luna, femeninos, mientras que los alemanes, por el contrario, decimos *die* Sonne (el sol) y *der* Mond (la luna)" (Snell 1971: 120-121).

La identificación del género gramatical con el sexo ha pesado tanto en nuestra cultura, que actualmente se ha llegado a hablar de "violencia de género" para referirse a la violencia machista sobre mujeres y niños. Como han señalado ya los lingüistas, se trata de una denominación absurda, que no hace justicia ni a la gramática ni al abominable delito que tipifica. A la gramática, porque le atribuye a un procedimiento lingüístico-formal un comportamiento que no puede tener. En sí mismas y por sí mismas las palabras no son violentas; si acaso, quienes las utilizan; al delito, porque disimula la gravedad del hecho designado tras una confusa denominación eufemística. ¿Por qué hablar de "violencia de género" cuando lo que se quiere decir es "maltrato o asesinato de mujeres (y, a veces, niños) por parte de hombres"? ¿Qué se gana con esa confusa forma de hablar?

De forma mucho más ingeniosa, otros autores han intentado resolver el intrincado problema que plantea el género gramatical dejando de lado su desconcertante diversidad semántica, y ateniéndose exclusivamente a su dimensión formal de concordancia. Así, para Andrés Bello (que en esto se hace eco de las ideas del Brocense, que había aplicado el mismo criterio al género latino, en su *Minerva*), "la clase a la que pertenece el sustantivo, según la terminación del adjetivo con que se construye, cuando este tiene dos en cada número, se llama *GÉNERO* [...]. Es evidente que si todos los adjetivos tuviesen una sola terminación en cada número, no habría género en nuestra lengua; que pues en cada número no admite adjetivo alguno castellano más que dos formas que se construyen con sustantivos diferentes, no podemos tener bajo este respecto más de dos géneros; y si en cada número tuviesen algunos adjetivos tres o cuatro terminaciones, con cada una de las cuales se combinasen ciertos sustantivos, y no con otros, tendríamos tres o cuatro géneros en castellano" (Bello 1981: 155-156).

Este planteamiento asemántico que hace el gramático venezolano del género gramatical resulta en verdad tan incontestable, que ha terminado por arrastrar tras de sí a legión de gramáticos y lingüistas posteriores. Es el caso, entre otros, de Emilio Alarcos, que escribe que "la variedad de designaciones a que aluden los dos géneros y la arbitrariedad en muchos casos de la asignación —de masculino o femenino— a los significados de los sustantivos impiden determinar con exactitud lo que significa realmente el género. Es preferible considerarlo como un accidente que clasifica los sustantivos en dos categorías combinatorias diferentes, *sin que los términos masculino y femenino prejuzguen ningún tipo de sentido concreto* [cursiva nuestra]. Funcionalmente, el género es un mero indicio de ciertas relaciones del sustantivo con otras palabras del enunciado" (Alarcos 1994: 62).

Pero, a pesar de su evidente rotundidad, lo que hace esta interpretación es no resolver el problema del valor interno del género gramatical, sino eludirlo, quitárselo de encima, fijando la atención exclusivamente en uno de sus aspectos secundarios, que es su aspecto distribucional, formal o significante. En efecto, cuando se dice que son masculinos todos aquellos sustantivos que se combinan con adjetivos acabados en *–o* y femeninos todos los que se combinan con adjetivos acabados en *–a*, no se nos dice realmente qué significan el género masculino y el género femenino, sino más bien en qué distribuciones o posiciones del enunciado se encuentran. Es como si se intentara definir el sustantivo por su distribución exclusivamente, señalando que se trata de una categoría gramatical que desempeña la función de sujeto, de complemento directo y de término preposicional, sin la más mínima referencia a su verdadera significación interna de categoría que presenta la significación primaria "ocupando un lugar en la naturaleza", o, mejor, "en el universo del discurso", como quería Bello (1981: 181); es decir, como objeto independiente, como elemento del que se pueden predicar acciones y al que se pueden atribuir cualidades. Las definiciones distribucionales no nos dicen lo que son realmente las cosas que se definen, sino más bien en qué posiciones se localizan.

En cuarto lugar, constituye también el género un problema gramatical de una enorme envergadura por la misma heterogeneidad formal en que se manifiesta. De un lado, tenemos sustantivos que portan morfema de género en sí mismos y por sí mismos: *–o* para el masculino (*niño*, *gato*, *banco*, *pito*, *leño*, *ciruelo*, *conducto*, *ventano*…) y *–a* para el femenino: *niña*, *gata*, *banca*, *pita*, *leña*, *ciruela*, *conducta*, *ventana*… Son los únicos nombres que pueden considerarse *formalmente* marcados al género. De otro lado, tenemos nombres que carecen de marca morfológica de género en sí mismos y por sí mismos: *sol*, *sal*, *violín*, *frente*, *carne*, *tarde*, *flor*, *pared*… A estos, solamente se les asigna género sintagmáticamente: v. gr., *frente* se considera masculino en la combinación *el frente*, porque aparece acompañado del artículo *el*, y femenino en la combinación *la frente*, porque aparece acompañado del artículo *la*. Desde el punto de vista de la materialidad significante del sustantivo descriptivo, en español tenemos, pues, dos grandes tipos de sustantivos: sustantivos que portan el morfema de género en sí mismos y sustantivos que no portan morfema de género en sí mismos, sino que reciben marca de género por medio del determinante o del adjetivo con que se combinan. Claro está que, en este segundo caso, lo masculino o femenino no es el sustantivo en sí, sino más bien la combinación *determinante-nombre*, es decir, el sintagma.

¿Por qué pueden los sustantivos descriptivos recibir determinación genérica sintagmáticamente? Pues, simplemente, porque el llamado determinante, que es realmente el núcleo semántico-formal del sintagma nominal, impone su condición morfológica al complemento. Hasta tal punto es predominante la marca genérica del llamado determinante, que incluso en aquellos sintagmas nominales en que hay discordancia genérica entre determinante y nombre descriptivo, el género que prevalece es, como es lógico por su condición gramatical nuclear, el del determinante. Así, las combinaciones *la soldado*, *la médico* y *la modelo*, por ejemplo, aunque presentan nombre descriptivo masculino (*soldado*, *médico* y *modelo*), se entienden como femeninas, porque su determinante (*la*) presenta género femenino. Al contrario, las combinaciones *el espada*, *el cura*, *un rata*, *un gallina*, *un bestia*, *un bala perdida*, *un cabeza loca*, *un mierda*, etc., aunque presentan nombre descriptivo femenino (*espada*, *cura*, *rata*, *gallina*, *bestia*, *bala perdida*, *cabeza loca*, *mierda*), se interpretan como masculinos, porque sus determinantes (*el*, *un*) presentan género masculino. No es, pues, que "una misma forma gramatical posea alternativamente los dos géneros de forma implícita y pueda designar, por tanto, individuos de uno u otro sexo", como quiere la Academia (Academia 2009: 95). En sí mismos y por sí mismos, los sustantivos *soldado*, *médico* y *modelo* no presentan implícitamente dos géneros distintos, porque en un caso aparezcan en combinación masculina (*el soldado*, *el médico*, *el modelo*) y en otro en combinación femenina (*la soldado*, *la médico*, *la modelo*), sino uno solamente, que es el género masculino. Lo mismo ocurre en el caso de las formas nominales *espada*, *cura*, *rata*, *gallina*, *bestia*, *bala perdida*, *cabeza loca*, *mierda*, etc., que, aunque pueden aparecer en distribución masculina y femenina, realmente solo tienen una determinación morfológica, que es la femenina. Otra cosa bien distinta es lo que ocurre en el caso de las formas *frente*, *mar*, *calor*, *margen*, etc., que carecen en sí mismas de determinación semántica de género, aunque, obviamente, el carácter constitutivo del género en español, obliga a que en combinación sintáctica se comporten necesariamente como masculinos o como femeninos.

Ahora bien, que sea el determinante el que imponga el género al sintagma nominal no implica, ni mucho menos, que anule el género del nombre descriptivo, si este lo posee morfológicamente, sino que lo relega a un segundo plano, al plano de la referencia denotativa exclusiva de este nombre. Precisamente por ello, no es semánticamente lo mismo (aunque pueda designar lo mismo) *la soldado*, *la médico*, *la abogado*, etc., que *la soldada*, *la médica*, *la abogada*, como se verá más adelante.

Tiene, pues, razón Bello cuando escribe que "si todos los adjetivos tuviesen una terminación en cada número, no habría género en nuestra lengua; que pues en cada número no admite adjetivo alguno castellano más que dos formas que se construyen con sustantivos diferentes, no podemos tener bajo este respecto más que dos géneros" (Bello 1981: 156). Pero tiene razón solo a medias, porque esto ocurre únicamente en aquellos casos en que el nombre descriptivo carece en sí mismo de marca gramatical de género, en aquellos casos en que el sustantivo recibe la determinación genérica sintácticamente, no en los casos en que tiene determinación genérica propia. En este caso, podría haber tantos géneros como marcas morfológicas lo determinen, como hay varios cuantificadores nominales (*–ito*, *–illo*, *–ete*, *–ón*, *–ote*…), varios modificadores aspectuales del verbo (*–do*, *–to*, *–nte*, *–ndo*), etc. Concretamente en español, como no existen más que dos marcas morfológicas (*–o*, *el*, *este*, etc., para el masculino y *–a*, *la*, *esta*, etc., para el femenino), pues solamente existen dos formas semánticas de género. El nombre español tiene que ser necesariamente o masculino o femenino. De ahí que Pottier, con toda la razón del mundo, atribuyera al género la condición de "morfema constitutivo", en oposición a cuantificadores como aumentativos, diminutivos, etc., que, por ser morfemas no obligatorios, los denominó "facultativos" (Alvar y Pottier 1983: 35).

Planteadas las cosas así, difícilmente se puede aceptar la idea de que signos como *frente*, *violín* o *flor*, por ejemplo, tienen género interno. El género en las combinaciones *la frente*, *el violín* o *la flor* no lo pone el nombre descriptivo, sino el nombre mostrativo. No se puede decir que *flor* tenga la misma determinación genérica que *banda*, *manga* y *mula*, por ejemplo, porque, mientras que en estos hay una elemento morfológico concreto, que es el sufijo *–a*, que orienta la sustancia del sustantivo de base de una determinada manera, como veremos después, en aquel no hay nada de esto. En realidad, la variante del lexema nominal *flor* que tiene la misma determinación genérica que las formas *banda*, *manga* y *mula* no es *flor*, sino *flora*. Prueba de que nos encontramos ante nombres que carecen de determinación genérica en sí mismos y por sí mismos es que su combinatoria sintáctica, su género sintáctico, puede cambiar, y de hecho cambia en algunos casos, según la época y los lugares, sin alterar lo más mínimo su sentido, aunque sí su determinación gramatical. Es lo que sucede con las formas *sartén*, *ubre*, *costumbre* y *legumbre*, que, mientras que en el español estándar se construyen como femeninos (*la sartén*, *la ubre*, *la costumbre*, *la legumbre*), en el español tradicional de las Islas Canarias se construyen como masculinos: *el sartén*, *el ubre*, *el costumbre*, *el legumbre* (Morera 1994: 75). Aunque en español moderno el nombre *puente* se construye como masculino (*el puente*), antiguamente se construía como femenino (*la puente*) (Corominas 1980: *s. v. puente*). Es verdad que, como señala Ángel Rosenblat, los nombres acabados en vocal que no sea *–o* o *–a* y en consonante funcionan en muchas ocasiones como masculinos o como femeninos, dependiendo de la naturaleza del sufijo que porten (los acabados en *–aje*, *–ate*, *–ete* y *–ote*, *–amen* y *–umen*, *–ón*, *–ín*, *–al* (*–ar*), etc., son masculinos, y los acabados en *–idad*, *–ción*, *–ez*, *–tud*, etc., femeninos) (Rosenblat 1940-1946: 165); sin embargo, esto no significa que este género les corresponda inherentemente. En realidad, estos nombres se construyen como masculinos o como femeninos por razones históricas diversas.

Desde el punto de vista del sistema de la lengua, teóricamente por lo menos, los sustantivos españoles, considerados de forma aislada, pueden presentar tres variantes formales distintas: variante con determinación genérica masculina, variante con determinación genérica femenina y variante sin determinación genérica (que adquiere género de forma sintagmática). Otra cosa muy distinta es lo que sucede en la realidad concreta del hablar, donde cada nombre descriptivo se comporta de forma particular. En este ámbito nos encontramos con las siguientes posibilidades: a) Nombres que solamente han actualizado la variante femenina: v. gr., *casa*, *mesa*, *botella*…; b) Nombres que solamente han actualizado la variante masculina: v. gr., *escudo*, *templo*, *libro*...; c) Nombres que han actualizado la variante femenina y la variante masculina: v. gr., *niño* / *niña*, *gato* / *gata*, *tormento* / *tormenta*, *cuesto* / *cuesta*, *banco* / *banca*…; d) Nombres que solamente poseen variante sin marca de género: v. gr., *arenal*, *puente*, *flor*; e) Nombres que han actualizado una variante sin marca y otra con marca femenina: v. gr., *flor* / *flora*, *doctor* / *doctora*, *patrón* / *patrona*…; f) Nombres que han actualizado una variante sin marca y otra con marca masculina: v. gr., *pejerrey* 'especie de pez marino teleósteo' / *pejerreyo* 'ídem' (And.); g) Nombres que han actualizado las tres variantes genérica posibles: *perol* / *perola* / *perolo*.

Pero, aunque en el plano del discurso los sustantivos españoles puedan actualizarse, sea morfológica o sintácticamente, bajo una sola forma genérica (masculino o femenino), hay que tener en cuenta que las dos variantes son siempre solidarias: la presencia de una implica necesariamente la presencia de la otra, aunque esta no se encuentre actualizada en el discurso. Precisamente por ello, el hablante puede actualizarla en cuanto sienta necesidad de ella. Es lo que ha sucedido en el caso de los lexemas nominales *hembr–*, *poetis–*, *madrecit–*, *modist–* y *cabr–*, por ejemplo, que, aunque inicialmente solo habían actualizado la variante femenina correspondiente (*hembra*, *poetisa*, *madrecita*, *modista* y *cabra*), con el correr de los tiempos han terminado actualizando también la variante masculina: *hembro*, que en Canarias es 'novio' y 'amante' (Lorenzo / Morera / Ortega 1994: s. v.) y en Andalucía 'hombre' y 'querido' (Alvar 2000: s. v.); *poetiso*, que, por ejemplo, emplea Unamuno en varias composiciones del *Cancionero*: "Por favor, no me compares: / ¿Poetas esos Narcisos / que hacen juegos malabares? / Poetas, no, ¡*poetisos*!" (poema 150); "*Poetiso* estrafalario, / no te sientes, que la Musa / puede orearte el tafanario; / es la inspiración que se usa" (poema 636); *madrecito*, también en Unamuno: "Juan de la Cruz, *madrecito*, / alma de sonrisa seria, / que sigues tu senderito / por tinieblas de miseria" (*Cancionero*, poema 686); *modisto*, que el DRAE define como 'hombre que tiene por oficio hacer prendas de vestir'; y *cabro*, que emplean los pastores canarios para designar a las cabras de forma despectiva (Morera 1994: 78). O, a la inversa, lo que ha sucedido con los lexemas nominales *tor–* o *caball–*, también por ejemplo, que, aunque inicialmente solo habían actualizado la variante genérica masculina (*toro*, *caballo*), con el paso del tiempo acabaron actualizando las variantes femeninas *caballa* 'determinado pez teleósteo' y *tora* 'vaca que se usa en determinados festejos, haciendo la veces de toro' (Tenerife), armazón en forma de toro que, revestida de cohetes y otros artificios pirotécnicos, sirve para diversión en algunas fiestas populares', 'mujer decidida y valiente (en Cuba), 'mujer fuerte y saludable' (en Canarias y Cuba) y 'agalla del roble' (en Salamanca). Cuando cierto personaje de Pardo Bazán emplea la forma neológica *concilia*, en oposición a la forma tradicional *concilio*, en el parlamento siguiente: "A mí no me vengas a asustar con concilios ni concilias" (*Novelas y cuentos*, *I*, 188b, cit. por Alcina y Blecua 1975: 525), lo que en realidad hace es actualizar una posibilidad morfológica del sustantivo, una posibilidad morfológica que se encontraba hasta entonces dormida en las potencialidades del sistema. Es evidente, por tanto, que todos los sustantivos españoles tienen dos formas genéricas distintas (formalizadas morfológicas o sintácticamente, como hemos dicho ya), aunque solamente haya actualizado una de ellas en la realidad concreta del hablar. Ante esta afirmación, alguien podría preguntar cuál es el femenino del nombre masculino *muro*, o el masculino del nombre femenino *yegua*, por ejemplo. Y esta pregunta tiene una respuesta muy evidente, si nos atenemos al sistema de posibilidades de la lengua española: el femenino de *muro* es **mura*, y el masculino de *yegua* es **yeguo*, aunque ni una palabra ni la otra se encuentren actualizadas en el español como lengua histórica, al menos, que sepamos.

Otra cosa muy distinta es el problema de lo que puedan denotar estos neologismos genéricos, el sentido que se les pueda atribuir en la realidad concreta del hablar. ¿Qué diferencias semánticas existen entre *muro* y **mura* o entre *yegua* y **yeguo*? Se trata de una pregunta que admite dos respuestas distintas. Si se pregunta por el valor lingüístico, por lo que aporta el morfema de género en sí mismo y por sí mismo, la diferencia semántica que existe entre *muro* y **mura* o entre *yegua* y **yeguo* es exactamente la misma que existe entre *niño* y *niña*, *manzano* y *manzana*, *banco* y *banca* o *músico* y *música*: esto es, que uno es semánticamente masculino y el otro semánticamente femenino. Pero si se pregunta por la denotación, por el sentido extralingüístico que presenta cada uno de ellos, la diferencia entre *muro* y **mura* o entre *yegua* y **yeguo* dependerían de los contextos de uso en que aparecieran: **mura* podría entenderse como 'muro grande', 'acción de murar', 'determinada parte del muro', 'determinada especie de muro', etc.; **yeguo*, como 'macho de la yegua' (denominado habitualmente *caballo*), 'yegua mala', 'yegua pequeña', etc.

Lo que pone de manifiesto el último ejemplo comentado es que, en realidad, no hay nombres que expresen el género gramatical de forma heterónima, mediante sustantivos distintos, como quería nuestra tradición gramatical y se repite tenazmente en los manuales gramaticales actuales. El género gramatical es un procedimiento morfológico que actúa siempre sobre una misma base léxica, y no se puede expresar de otra manera que morfológicamente o sintácticamente. Los miembros de parejas como *macho* / *hembra*, *caballo* / *yegua*, *yerno* / *nuera*, *padre* / *madre*, *hombre* / *mujer*, etc., que, según la tradición gramatical, se oponen por el contraste gramatical masculino / femenino, como *niño / niña*, no se diferencian realmente por el género, sino más bien por la significación léxica que les sirve de base. Se trata de signos léxicos distintos, que, como tales, tienen sus propios correlatos genéricos en el sistema de la lengua: el femenino gramatical de *macho* no es *hembra*, sino *macha*, como el masculino de *hembra* no es *macho*, sino *hembro*. Por eso, cuando se equiparan parejas como *yerno / nuera*, *padre / madre*, *toro / vaca*, *macho / hembra*, etc., con parejas como *hijo / hija*, *gato / gata*, *banco / banca*, *manzano / manzana*, etc., lo que se hace es confundir el género gramatical, que es, repetimos, un procedimiento morfológico que tiene su propia peculiaridad semántica, con el sexo, que es una categoría referencial. La pareja *macho / hembra* es parangonable con la pareja *hijo / hija* solamente desde el punto de vista referencial del sexo, desde el punto de vista de su función semántica externa, pero no desde el punto de vista de su estructura semántica interna: en la pareja *hijo / hija*, tenemos una misma base léxica, el lexema nominal *–hij–*, con dos determinaciones morfológicas distintas; en la pareja *macho / hembra*, lo que tenemos son dos signos léxicos distintos, bajo dos formas genéricas también distintas: el lexema *mach–* significa 'acople activo' y *hembr–*, 'acople pasivo'. Digamos que lo que diferencia a sus miembros es la significación primaria descriptiva. Como problema léxico que es, los llamados sustantivos de género heterónimo no pertenecen al ámbito de la gramática, sino al ámbito de la lexicología. Lo que realmente interesa a la gramática en el caso de estos nombres no es la oposición *macho / hembra* sino las oposiciones *macho / macha*, *hembro / hembra*, etc.

2 La significación invariante del género (*langue*)

Desde el punto de vista más estrictamente lingüístico, los sustantivos descriptivos españoles no presentan más que dos géneros: *género masculino*, que se formaliza mediante el sufijo *–o* o mediante los determinantes *el*, *este*, *un*, etc.; y *género femenino*, que se formalizan mediante el sufijo *–a* o mediante los determinantes *la*, *esta*, *una*, etc. ¿Cuál es la verdadera significación invariante de estas dos categorías morfológicas? Sabemos ya que no significan sexo, al contrario de lo que suponía el planteamiento tradicional, tan en boga incluso hoy. ¿Significará dimensión (*masculino* 'pequeño' / *femenino* 'grande'), como quería Pottier (1959: 13) y otros? No lo parece, porque, aunque en muchos casos la oposición masculino / femenino pueda usarse para designar diferencias de tamaño o cantidad en los nombres de base (*ventana* / *ventano*, *guitarra* / *guitarro*, *el policía* / *la policía*, *perol* / *perola*…), lo cierto es que no siempre es así; lo que revela que el sentido de dimensión no es un valor esencial en el género. Además, se da la circunstancia de que, cuando así ocurre, la orientación designativa de masculino y femenino no es siempre la misma. Aunque, por lo general, la variante femenina designa tamaño grande y la variante masculina tamaño pequeño, en algunas ocasiones sucede todo lo contrario. Es lo que ocurre en el habla de Castro, donde la forma masculina *culebro* se entiende como 'culebra, en sentido aumentativo' (Sánchez-Llamosas 1982: s. v.).

Pero si el género gramatical no significa sexo, ni dimensión, ni cualquier otra noción referencial, al contrario de lo que se ha señalado tradicionalmente, ¿qué significa entonces este particular procedimiento de complementación morfológica del nombre? Para Hjelmslev, el masculino significa 'concentración de la sustancia' y el femenino 'expansión de la sustancia' (Hjelmslev 1976: 149-160). Se trata de una caracterización bastante acertada. Nosotros mismos seguimos este planteamiento durante mucho tiempo, tanto en nuestros *Apuntes para una gramática del español de base semántica* (Morera 1999: 79-83) como en nuestro *La complementación morfológica en español. Ensayo de interpretación semántica* (Morera 2005: 31-34 y 88-94). Sin embargo, como vamos a ver inmediatamente, el carácter concentrado del masculino y el expandido del femenino más parece una consecuencia del verdadero valor formal del género que su rasgo semántico esencial.

Realmente, si nos elevamos por encima de todos los mencionados efectos de sentido y observamos el asunto de forma más abstracta, nos percatamos de inmediato de que lo que parece implicar constante e invariablemente el género gramatical es una diferencia de *orientación de la sustancia* que se encuentra en la base de los signos que determina, que presentan siempre significación categorial sustantiva. En realidad, se trata de una manifestación particular de una de las oposiciones semánticas más generales de los sistemas lingüísticos, que es lo que podríamos llamar *punto de vista*, que encontramos tanto en oposiciones léxicas, como, por ejemplo, *colgar* 'prender desde lo alto visto desde arriba' / *pender* 'prender desde lo alto visto desde abajo', *coger* 'aprehender visto desde el objeto' / *tomar* 'aprehender visto desde el sujeto', *cima* 'punto más elevado de una dimensión visto desde arriba' / *cumbre* 'punto más elevado de una dimensión visto desde abajo', *surgir* 'salida fortuita vista desde fuera' / *brotar* 'salida fortuita vista desde dentro', *esquina* 'ángulo visto desde fuera' / *rincón* 'ángulo visto desde dentro', etc., como en oposiciones gramaticales, como, por ejemplo, *de* 'movimiento de alejamiento visto desde el origen' / *ab(s)–* 'movimiento de alejamiento visto desde el término'; *hacia-para* 'movimiento de aproximación visto desde el origen' / *a-hasta* 'movimiento de alejamiento visto desde el término'; *sub– (so)* 'situación en el polo negativo de un punto de referencia dispuesto de forma vertical visto desde abajo' / *bajo* 'situación de ubicación en el polo negativo de un punto de referencia dispuesto de forma vertical visto desde arriba'; *voz activa* 'predicación vista desde fuera del sujeto' / *voz media* 'predicación vista desde el sujeto' (Benveniste 1966: 168-175), etc.

De un lado, la forma *–o*, tradicionalmente denominada *masculina*, se caracteriza por orientar la sustancia hacia dentro, hacia ella misma, presentándola como lo que es en sí misma y por sí misma, sin consideraciones relacionales o ampliación de ningún tipo. Digamos que implican una 'orientación centrípeta de la sustancia', que encierra o concentra (como quería Hjelmslev 1976: 149-160) la sustancia en sí misma, como instancia semántica primaria. Por eso, la variante masculina de un nombre se entiende siempre como delimitación o establecimiento de la sustancia, destacando que se trata de eso, y no de otra cosa; llama la atención sobre lo que ella es, sin más, con vocación puramente denominadora. Así, se observa que en las formas *músico*, *arado*, *manzano*, *puesto*, *gato*, *conducto*, *bombo* y *tormento*, por ejemplo, la significación invariante 'orientación centrípeta de la sustancia' de *–o* se limita a enfocar o delimitar las sustancias implicadas en los lexemas nominales *músic–*, *arad–*, *manzan–*, *puest–*, *gat–*, *conduct–*, *bomb–* y *torment–*, presentándolos como meros nombres de la persona, animal o cosa de que se trata, que, luego, por supuesto, puede ser interpretado en sentidos lógicos primarios diversos, según los contextos: 'agente', 'instrumento', 'árbol', 'lugar', 'materia', 'género', 'macho', 'parte de un todo', 'base de cuantificación', 'elemento del que se separa una parte', etc., actualizaciones directas todas de la significación invariante 'orientación centrípeta de la sustancia', y no derivaciones metafóricas del sentido sexual de 'macho', como quieren algunos autores.

De ahí que los nombres derivados en *–o* se encuentren tan próximos a los nombres que carecen de determinación genérica en sí mismos, como *doctor*, *tren*, *perol*, *puente*, *sartén*, *sol* o *flor*, por ejemplo, sin tratarse obviamente de lo mismo, precisamente porque estos carecen de determinación morfológica, de elemento que oriente su sustancia hacia dentro o hacia fuera. Por ejemplo, es evidente que no significa lo mismo *perol* que *perolo*, como no significa lo mismo *flor* que *flora*. En el primer caso (*perol*), la sustancia aparece sin ningún tipo de determinación genérica; en el segundo (*perolo*), la sustancia aparece orientada hacia dentro, enfocada o resaltada en sí misma. Esta proximidad semántica entre nombre morfológicamente masculino y nombre sin determinación genérica propia explica que muchas bases nominales solamente dispongan de variante morfológicamente no marcada para el masculino. Y de ahí también que la forma masculina del nombre se encuentre más próxima a la mera calificación del referente del adjetivo que el femenino, que añade siempre matices muy marcados a la sustancia de base, como vamos a ver a continuación. Así, mientras que las formas *preso*, *travieso*, *junto*, *suelto*, *caído*, *aguado*, *visto*, *mamado* 'ebrio, borracho', *calvo*, *curvo*, etc., se entienden como meras calificaciones ('dicho de una persona, que sufre prisión', 'atravesado o puesto al través o de lado', 'unido, cercano', 'libre, poco sujeto', 'participio de pasado de *caer*', 'participio de pasado de *aguar*', 'participio de pasado de *ver*', 'dicho de una persona, que ha perdido el pelo de la cabeza', respectivamente) tanto en función adjetiva como en función sustantiva, las formas femeninas *presa*, *traviesa*, *junta*, *suelta*, *caída*, *aguada*, *vista*, *calva*, *curva*, etc., presentan la sustancia especializada en un sentido determinado: 'cosa apresada o robada', 'cada uno de los maderos que atraviesan una vía férrea', 'reunión de varias personas para conferencias o tratar un asunto', 'acción y efecto de *soltar*', 'acción y efecto de *caer*', 'provisión de agua potable que lleva un buque', 'acción y efecto de ver', 'borrachera' (Arg., Bol., Can., Nic., Par. y Ur.) 'parte de la cabeza de la que se ha caído el pelo', 'tramo curso de una carretera, de un camino, de una línea férrea, etc.', respectivamente.

El hecho de que el morfema *–o* presente la sustancia del nombre de base orientada hacia sí misma determina que la variante masculina de los nombres se suela emplear para designar el estado básico o genérico de esa sustancia. Así, *niño*, por ejemplo, no significa 'persona de pocos años varón', frente a la forma *niña*, que significaría 'persona de pocos años hembra', sino simplemente 'persona de pocos años', sin matización específica; como *puesto* no significa 'lugar en que se pone algo', en oposición a *puesta*, que significaría 'lo que se pone en un lugar', sino simplemente 'proceso *poner* puntualmente terminado-con orientación centrípeta de la sustancia', sin más. Por ello, no se puede decir que, conceptualmente, el genérico *niño* se oponga al específico *niña*, sino que se opone más bien a los masculinos de otros sustantivos (*joven*, *mozo*...), que también denotan género; como el masculino *manzano* no se opone al femenino *manzana*, sino a los también masculinos *naranjo*, *ciruelo*, *almendro*, etc. Si digo que *María va a tener un niño*, no aludo para nada al sexo de la criatura; simplemente hago alusión al concepto: la clase de criatura que va a tener es niño, no mono, perro o gato, por ejemplo. Cuando pregunto a alguien *cuántos hijos tiene*, solamente le pregunto por el número de los entes de la clase mencionada, sin que me importe lo más mínimo si son varones o hembras; por el contrario, cuando le pregunto *cuántas hijas tiene*, le pregunto por el número de elementos de una de las subclases de esa clase, el número de la subclase de las hembras. Se trata, por tanto, de preguntas de orden distinto: la primera es una pregunta sobre la clase; la segunda, una pregunta sobre la subclase.

Como es de sobra sabido, este carácter genérico del masculino es el que explica la obligatoriedad de la concordancia masculina en aquellos casos en que sustantivo masculino y sustantivo femenino coordinados aparecen complementados por un mismo adjetivo o participio: *hombres y mujeres admirados*, y no *hombres y mujeres admiradas*. Si se dijera *hombres y mujeres admiradas*, el complemento *admirado* se entendería solamente referido al sustantivo *mujeres*, no al sustantivo *hombres*. También por eso es la forma que se emplea en aposiciones del tipo *niña lobo*, *mujer vampiro*, etc., aunque el núcleo de estas construcciones sea un sustantivo de género femenino.

Es lo que explica que la gramática estructural sostuviera que el masculino es el término no marcado de la oposición de género, doctrina que han terminado por repetir más o menos mecánicamente incluso aquellos autores que, a pesar de todo lo que ha llovido en gramática en los dos últimos siglos, sobre todo, siguen identificando el significado del género gramatical con el sexo. "El masculino —escribía la Academia en 1976— posee un carácter general que está ausente del femenino, y este carácter es muy semejante al que hemos reconocido en el masculino, singular o plural, llamado *genérico*: *los padres* puede significar *padre y madre*; *hijo* puede significar *hijo e hija*; *hijos* puede significar *hijos e hijas*. Nada de esto es posible con el femenino. El masculino desempeña mayor número de funciones, posee más extensión semántica y, por consiguiente, más indeterminación que el femenino. La Gramática moderna, en casos como este de concurrencia y competencia posible entre dos elementos que pertenecen a un mismo paradigma o a una misma categoría gramatical llama *negativo*, *extenso* o *no marcado* al elemento o término de mayor indeterminación, en nuestro caso el masculino, y *positivo*, *intenso* o *marcado*, al de mayor determinación, en nuestro caso el femenino" (Academia 1976: 179). El planteamiento se precisa todavía más en la *Nueva gramática de la lengua española*. Aquí se señala que "el GÉNERO NO MARCADO es el masculino, y el GÉNERO MARCADO es el femenino [...]. La expresión *no marcado* alude al miembro de una oposición binaria que puede abarcarla en su conjunto, lo que hace innecesario mencionar el término marcado. En la designación de los seres animados, los sustantivos de género masculino no solo se emplean para referirse a los individuos de ese sexo, sino también —en los contextos apropiados—, para designar la clase que corresponde a los individuos de la especie, sin determinación de sexo" (Academia 2009: 85).

Se trata, no obstante, de una caracterización semántica que hay que matizar. Que el morfema de masculino presente el sustantivo de base como denominación genérica no significa, ni mucho menos, que carezca de marca semántica, frente al femenino, sino precisamente todo lo contrario: la variante masculina del género gramatical presenta la significación del sustantivo en forma neutra porque orienta su sustancia hacia ella misma, enfocándola. La generalidad semántica del masculino no procede de que este carezca de marca semántica, como parece dar a entender la expresión *miembro no marcado de la oposición*, sino más bien que esa marca semántica presenta a la sustancia de manera que lo que se destaca es ella en sí misma y por sí misma.

Por otro lado, hay que señalar también que la neutralidad semántica del masculino no se da solamente en aquellos casos en que masculino y femenino comparten una misma referencia (*niño* / *niña*, *hijo* / *hija*), sino en todos sus usos, porque se trata de un hecho consustancial a la masculinidad: *tormento* es la forma semánticamente neutra o básica de la oposición *tormento* / *tormenta*; *manzano* es la forma semánticamente neutra o básica de la oposición *manzano* / *manzana*; *vaco* es la forma semántica neutra o básica de la oposición *vaco* / *vaca*; *el cometa* es la forma semánticamente neutra o básica de la oposición *el cometa* / *la cometa*; *músico* es la forma semánticamente neutra o básica de la oposición *músico* / *música*; *arado* es la forma semánticamente neutra o básica de la oposición *arado* / *arada*; *huerto* es la forma semántica neutra o básica de la oposición *huerto* / *huerta*; *el frente* es la forma semántica neutra o básica de la oposición *el frente* / *la frente*; *el mar* es la forma semánticamente neutra o básica de la oposición *el mar* / *la mar*; *guitarro* es la forma semánticamente neutra o básica de la oposición *guitarro* / *guitarra*; *río* es la forma semánticamente neutra o básica de la oposición *río* / *ría*, independientemente de las heterogéneas referencias que los miembros de estas parejas nominales han desarrollado en la realidad concreta del hablar. Y eso es así porque *forma semánticamente neutra o básica* no significa aquí *genérico referencial* o *nombre de clase*, como parecen entender los estructuralistas y los que siguen sus planteamientos. Que un nombre se refiera a las cosas que designa de forma más o menos genérica, no depende tanto de la significación invariante del signo (que es siempre arbitraria respecto de la designación), cuanto de la historia del término. Es lo que ponen de manifiesto oposiciones del tipo *paloma* / *palomo*, *rana* / *rano*, *vaca* / *vaco*, *ventana* / *ventano*, *guitarra* / *guitarro*, *cuesta* / *cuesto*, etc., donde el nombre que designa la clase referencial no es el masculino (*palomo*, *rano*, *vaco*, *ventano*, *guitarro* y *cuesto*), sino el femenino: *paloma*, *rana*, *vaca*, *ventana*, *guitarra* y *cuesta*. *Forma semánticamente neutra o básica* significa aquí más exactamente *denominación esencial de la sustancia idiomática*, que luego puede referirse o no a entes de una misma clase o a entes de clases distintas, como se verá en el próximo apartado.

Ahora bien, si esto es así, si la significación invariante 'orientación centrípeta de la sustancia' del masculino presenta la semántica de la base en estado puro, sin determinación particular, ¿qué sucede con los masculinos que designan 'macho', 'individuo pequeño', 'parte', etc., de la clase designada por el femenino? Pues simplemente que se trata de especializaciones referenciales secundarias del masculino, determinadas por el hecho de que el femenino se use para designar 'persona o animal hembra' o 'individuo pleno de la especie'. En sí mismo y por sí mismo, el masculino tiene tan poco que ver con el macho o con el individuo pequeño de la especie como con la hembra o su individuo grande, a pesar de que a veces se emplee para designar aquellos, y no estos. De todas formas, hay que tener en cuenta que no todos los usos específicos del masculino se refieren al macho o al individuo pequeño de la especie, sino a sentidos mucho más abstractos. Así, cuando un cabrero canario dice que tiene unos *cabros*, no quiere decir que tenga unas *cabras machos*, como interpretan algunos. Simplemente dice que, por las razones que sean (dar poca leche, tener un carácter muy arisco...), esos animales no son cabras en toda su plenitud, sino cabras reducidas a lo más elemental, a la "cabridad", podríamos decir de forma pedante. El masculino, que presenta la sustancia en su estado primitivo, básico o elemental, no se usa aquí para designar el macho de la especie, sino más bien para valorar el animal negativamente. Para referirse a la cabra macho tiene el cabrero palabras léxicamente más específicas, como *cabrón*, *macho (cabrío)*, *chivo*, *bode*, etc., según las zonas.

Visto que la variante masculina del nombre presenta la sustancia reducida a lo esencial o básico, es claro que no tienen mucha lógica gramatical combinaciones del tipo *niños y niñas*, *alumnos y alumnas*, *profesores y profesoras*, *médicos y médicas*, *miembros y miembras* (que decía una ministra), etc., que, so pretexto de hacer patente el elemento femenino de la clase designada en cada caso, tanto se prodigan en el desmañado discurso burocratesco actual. Como se señaló más atrás, *niños* no significa 'pluralidad de muchachos varones', sino simplemente 'pluralidad de muchachos', como *alumnos* no significa 'pluralidad de estudiantes varones', sino 'estudiantes', sin más. Desde el punto de vista gramatical, las formas genéricas masculinas *niños*, *alumnos*, *profesores* o *ministros* no son discriminatorias para el segmento femenino de la clase designada, porque, al señalar solamente la sustancia básica, abarca tanto a los varones como a las hembras. Es más bien todo lo contrario: las combinaciones *los niños y las niñas*, *los alumnos y las alumnas*, *los profesores y las profesoras*, *los ministros y las ministras*, etc., son discriminatorias para el segmento varón, que no se encuentra representado gramaticalmente (aunque sí referencialmente, porque lo abarca el masculino) en ellas. Lo absurdo de estas construcciones radica precisamente en que se relacionan mediante *coordinación* (que exige homogeneidad entre los elementos combinados) el nombre de la clase (el masculino) con el nombre de una parte de la clase (el femenino) y en que hace innecesariamente farragoso el discurso hablado o escrito. En realidad, las coordinaciones *alumnos y alumnas* son tan absurdas como las combinaciones *los manzanos y las manzanas*. El problema ha sido tratado recientemente con todo lujo de detalles por Ignacio M. Roca, en su estudio “Todas las vascas son vascos, y muchos vascos también vascas. Género y sexo en el castellano” (Roca 2009).

De otro lado, la forma *–a*, tradicionalmente denominada *femenina*, se caracteriza por orientar o proyectar la sustancia hacia fuera, presentándola, no como lo que es en sí misma y por sí misma, sino como una extensión o precisión de ella. Digamos que implica una orientación centrífuga de la sustancia, que la aleja o expande (como quiere Hjelmslev 1976: 149-160) de su núcleo básico. Por eso, la función del femenino no es delimitar los conceptos, sino indicar proyecciones o manifestaciones de ellos. Así, se observa que en las formas *música*, *arada*, *manzana*, *puesta*, *gata*, *conducta*, *bomba* y *tormenta*, por ejemplo, la significación invariante ‘orientación centrífuga de la sustancia’ de *–a* proyecta la sustancia de los lexemas nominales *músic–*, *arad–*, *manzan–*, *puest–*, *gat–*, *conduct–*, *bomb–* y *torment–* hacia fuera de sus núcleos, presentándolas como efectos o resultados de su acción o manipulación, que, a su vez, pueden ser interpretadas en sentidos lógico-designativos secundarios más o menos diversos, según los contextos: ‘acción que realiza un agente’, ‘acción que se realiza con el instrumento’, ‘fruto que produce un árbol’, ‘producto que se hace con una sustancia’, ‘lugar en que se realiza o se localiza algo’, ‘parte de un todo’, ‘individuo grande de una clase’, ‘colectivo’, ‘individuo pleno de una clase’, ‘individuo hembra de una clase’, etc., etc., actualizaciones directas todas de la significación invariante ‘orientación centrífuga de la sustancia’, y no derivaciones metafóricas del sentido sexual de ‘hembra’, como quieren algunos autores. No se trata, por tanto, de un denominador básico, sino de un denominador derivado. De ahí que se encuentre tan lejos de la categoría gramatical del adjetivo, que es la categoría nominal más elemental que existe, puesto que se limita a indicar una nota semántica del sustantivo, a calificar, como decía la gramática tradicional.

El hecho de que el morfema *–a* presente la sustancia del nombre de base proyectada hacia fuera determina que la variante femenina de los nombres suela emplearse para designar realizaciones, manifestaciones, determinaciones o ampliaciones más o menos concretas de la sustancia de base. Así, las formas *niña*, *manzana* y *puesta*, por ejemplo, no se refieren a conceptos básicos o primarios, a los conceptos ‘persona de pocos años’, ‘árbol de la familia de las rosáceas’ y ‘lugar en que se pone algo’, que designan los masculinos correspondientes *niño*, *manzano* y *puesto*, sino más concretamente a los conceptos derivados 'persona de pocos años hembra', 'fruto que produce el manzano' y 'cosa que se pone en un lugar', respectivamente. Cuando digo que *María va a tener una niña*, no es a la clase de la criatura que va a tener a la que me refiero, al contrario de lo que, como vimos, ocurría en el caso de la frase *María va a tener un niño*, sino a un individuo particular de la clase designada por el masculino, al individuo hembra. El masculino se opone a otros masculinos; el femenino se opone a otros aspectos particulares de su variante masculina. Por eso, se puede decir que, por lo general, la variante femenina del género añade un plus de significación al concepto semántico de base (no necesariamente al masculino).

De ahí que la gramática estructural caracterizara al femenino como término marcado de la oposición de género, según se vio más arriba. También en eso conviene, sin embargo, matizar. El carácter marcado del femenino no hay que entenderlo en el sentido de que este morfema designa un ejemplar concreto de la clase denotada por el masculino (como ocurre en el caso de parejas como *niño* / *niña*, *hijo* / *hija*), sino más bien en el sentido de que es una derivación o proyección de la significación invariante de base. Por lo demás, esta proyección puede designar tanto un elemento encuadrable en la clase ontológica denotada por el masculino como un elemento de otra clase referencial distinta, un elemento que cae fuera de ella. Es lo que sucede en el caso de las parejas *manzano* 'especie de árbol de la familia de las rosáceas' / *manzana* 'fruto que produce el manzano', *puesto* 'lugar en que se pone algo' / *puesta* 'cosa que se pone en un lugar', *el frente* 'lugar opuesto a otro' / *la frente* 'parte del cuerpo que se localiza en ese lugar', *el cometa* 'esteroide' / *la cometa* 'juguete de muchachos que se parece con un esteroide', *leño* 'palo' / *leña* 'conjunto de leños', 'golpe que se da con él', etc. En efecto, la orientación o proyección centrífuga de la sustancia que implica el morfema *–a* puede entenderse en los sentidos más diversos que podamos imaginarnos: en *manzano* / *manzana* se entiende como 'fruto que produce el manzano'; en la oposición *vaca* / *vaco*, en el sentido de 'res vacuna hembra'; en la oposición *el cometa* / *la cometa*, en el sentido de 'juguete de muchachos que se parece con un cometa'; en la oposición *músico* / *música*, en el sentido de 'actividad que realiza el músico'; en la oposición *arado* / *arada*, en el sentido de 'actividad que se realiza con ese instrumento'; en la oposición *huerto* / *huerta*, en el sentido de 'pleno o determinado del concepto huerto'; en la oposición *el frente* / *la fren-*

te, en el sentido de 'parte del cuerpo que se localiza en el frente'; en la oposición *el mar* / *la mar*, en el sentido de 'pleno o determinado del concepto el mar'; en la oposición *guitarro* / *guitarra* 'pleno o determinado del concepto guitarro', etc., etc. No nos encontramos, por tanto, ante signos léxicos distintos, como se ha llegado a pensar en ocasiones, sino ante variantes gramaticales de una misma significación léxica categorizada como sustantivo: en un caso, esa significación léxica categorizada como sustantivo aparece orientada hacia dentro, con lo que el nombre se entiende como agente, instrumento, lugar, árbol, género, etc.; en otro, aparece orientada hacia fuera, con lo que el nombre se entiende como acción del agente, cosa que se pone en un lugar, fruto o sustancia que produce una planta, elemento determinado de la especie, individuo de gran tamaño, etc. Lo que diferencia a *filo* (*hilo*) de *fila* (*hila*) no es la significación descriptiva del lexema nominal, que es exactamente la misma ('manifestación o desarrollo lineal de algo-como objeto independiente') en ambos casos, sino la significación gramatical de género: en *filo* (*hilo*), el masculino *–o* orienta la sustancia 'manifestación o desarrollo lineal de algo-como objeto independiente' hacia dentro, presentándola así en estado puro; en *fila* (*hila*), el femenino *–a* orienta la sustancia 'manifestación o desarrollo lineal de algo' hacia fuera, presentándola así como derivación de ese concepto básico, como variante que añade cierto plus de significación. Por otro lado, los contenidos de 'arista o borde agudo de un instrumento cortante' (*filo*), 'hebra larga y delgada de una materia textil' (*hilo*), 'serie de personas o cosas colocadas en línea' (*fila*), etc., etc., con que se usan estos derivados de la misma base nominal en la realidad concreta del hablar no son otra cosa que orientaciones de sentido determinadas por los contextos y la historia.

Ahora bien, cuando se trata de la relación entre la forma masculina y la forma femenina de los nombres, hay que tener en cuenta que ni el femenino deriva del sentido denotativo del masculino, ni, por supuesto, el masculino del sentido denotativo del femenino. Todo lo contrario: ambas variantes derivan directamente de la significación invariante de la base nominal, que no tiene absolutamente nada que ver con ninguna de sus acepciones, ni es una media de todas ellas. Así, el femenino *banca* no deriva de la acepción 'institución financiera' del sustantivo masculino *banco*, sino más concretamente de la significación invariante 'cúmulo compacto o espeso de algo-como objeto independiente', que es lo que realmente viene a significar constante e invariablemente el lexema nominal *banc–*; el femenino *banda* no deriva de la significación denotativa 'facción, partido' del masculino *bando*, sino más bien de la significación invariante 'parte de una cosa en oposición a otra-como objeto independiente' del lexema nominal *band–*. Lo mismo ocurre a la inversa: el masculino *cuesto* no deriva directamente del femenino *cuesta*, sino más concretamente de la significación invariante 'declive o caída lateral de una cosa-como objeto independiente' del lexema nominal *cuest–*. El hecho se ve más claro en el caso de los nombres que carecen en sí mismos de determinación genérica, como *frente*, por ejemplo. Evidentemente, ni el masculino *el frente* procede del femenino *la frente*, ni el femenino *la frente* del masculino *el frente*, sino que ambas formas tienen su origen en la significación invariante 'situación opuesta-como objeto independiente', que es lo que lo define constante e invariablemente.

Otra cosa muy distinta es lo que sucede en la realidad concreta del hablar, donde la variación genérica puede entenderse en los sentidos más diversos que podamos imaginar. Es lo que explica la desconcertante heterogeneidad referencial que presentan en muchos casos las variantes genéricas de un nombre, imposibles de reducir a categorías lógicas bien definidas. Según los diccionarios habituales, la forma femenina *torna* significa 'acción de tornar, devolver o regresar', 'obstáculo, por lo general de tierra y césped que se pone en una reguera para cambiar el curso del agua', 'remanso de un río' (Ar.), 'cada dos o cuatro surcos de terreno sembrado' (Pal.), 'cajón de madera que recibe el grano de la aceña' (Sal. y Zam.) y 'granzones que dejan los bueyes y se echan a otros animales' (And.). Pues bien, ¿cómo relacionar estas acepciones tan distintas con las correspondientes a la forma masculina de *torno*, que los mismos diccionarios definen como 'máquina simple que consiste en un cilindro dispuesto para girar alrededor de su eje por la acción de palancas, cigüeñas o ruedas, y que ordinariamente actúa sobre la resistencia por medio de una cuerda que se va arrollando al cilindro', 'armazón giratoria compuesta de varios tableros verticales que concurren en un eje, y de un suelo y un techo circulares, la cual se ajusta al hueco de una pared y sirve para pasar objetos de una parte a otra, sin que se vean las personas que los dan o reciben. Tiene uso en los conventos de monjas, en las casas de expósitos y en los comedores', 'máquina en que, por medio de una rueda, de una cigüeña, etc., se hace que alguna cosa dé vueltas sobre sí misma, como las que sirven para hilar, torcer seda, devanar, hacer obras de alfarería, etc.', 'máquina para labrar en redondo piezas de madera, metal, hueso, etc.', 'freno de algunos carruajes que se maneja con un manubrio', 'vuelta alrededor, movimiento circular o rodeo', 'recodo que forma el cauce de un río y en el cual adquiere por lo común mucha fuerza la corriente', 'aparato que se emplea para cerner harina' (Ar.), 'acción de pasar la adjudicación del remate, en los arrendamientos de ventas, al postor que ofrece mayores ventajas inmediatamente después de otro que lo tuvo primero y no dio dentro del término las fianzas estipuladas' (der.)? ¿Cómo relacionar las acepciones 'acción y efecto de granar', 'semilla menuda de varios vegetales', 'tiempo en que se cuaja el grano de trigo, lino, cáñamo, etc.', 'fruto de los árboles de monte, como bellotas, hayucos, etc.' (Rioja), 'cochinilla', 'quermes, insecto', 'excrecencia o agallita que el quermes forma en el coscojo, y que, exprimido, produce color rojo', 'color rojo obtenido de este modo' y 'paño fino usado para trajes de fiesta' de la forma femenino *grana* con las acepciones 'semilla y fruto de las mieses, como el trigo, cebada, etc.', 'semilla pequeña de varias plantas', 'cada una de las semillas o frutos que con otros iguales forma un agregado', 'porción o parte menuda de otras cosas', 'cada una de las partecillas, como de arena, que se perciben en la masa de algunos cuerpos', 'cada una de las partículas en que se divide el tabaco cuando se pica al cuadrado', 'especie de tumorcillo que nace en alguna parte del cuerpo y a veces cría pus', 'en las armas de fuego, pieza que se echaba en la parte del fogón cuando se había gastado y agrandado con el uso, y en ella se volvía a abrir el fogón', 'dozava parte del tomín, equivalente a 48 miligramos', 'en las piedras preciosas, cuarta parte de un quilate', 'cuarta parte del quilate, que se emplea para designar la cantidad de fino de una liga de oro', 'flor de una piel', 'cada una de las pequeñas protuberancias que, agrupadas, cubren la flor de ciertas pieles curtidas, como el cordobán, la vaqueta, la zapa, y algunas antes de curtir, como la de lija', 'ducado, moneda' (germ.), 'peso de un grano regular de cebada' (farm.), 'partícula individual sensible a la luz, que permanece después del desarrollo de la emulsión fotográfica' de la forma masculina correspondiente *grano*? ¿Cómo casar coherentemente las acepciones 'grupo de gente armada', 'parcialidad o número de gente que favorece o sigue el partido de alguien', 'bandada, manada', 'pandilla juvenil con tendencia al comportamiento agresivo', 'lado de algunas cosas', 'conjunto de tambores y cornetas, o de músicos que pertenecen a institutos armados de a pie, o de trompetas que sirven en cuerpos montados del ejército', 'conjunto de instrumentistas, con o sin cantantes, que interpreta alguna forma de música popular', 'costado de la nave' (mar.), 'cada una de las dos partes en que se divide longitudinalmente el cuerpo de una res al ser sacrificada' (Cuba), 'costado del cuerpo humano' (ant.), 'carriles de hierro sobre los cuales va y viene el carro o la platina en algunas máquinas de imprimir' (impr.) de la forma femenina *banda* con las acepciones 'facción, partido, parcialidad', 'número crecido de aves, bandada' y 'conjunto de peces, banco' de la forma masculina *bando*? Se trata, obviamente, de una empresa imposible por la heterogeneidad referencial de ambas unidades. Y, sin embargo, no cabe ninguna duda de que las dos se diferencian de forma inequívoca en el sentido de que la forma femenina presenta la sustancia de base orientada hacia fuera y la masculina orientada hacia dentro, exactamente igual que las parejas *niño / niña*, *manzano / manzana*, *músico / música*, *jarro / jarra*, etc., donde la relación lógico-designativa entre los referentes de ambas constituyentes parece más clara. Lo que sabemos siempre es que el masculino orienta la sustancia hacia dentro, en tanto que el femenino la orienta hacia fuera. Todo lo demás depende del capricho de los actos de *parole*, como se verá a continuación.

Lo que, en todo caso, resulta evidente es que todo nombre español, precisamente por estar determinado por el género, se presenta siempre como estado básico o más elemental de la sustancia, cuando se manifiesta con determinación genérica masculina, o como extensión de esa sustancia, cuando se manifiesta con determinación genérica femenina, independientemente de que actualice o no ambas variantes morfológicas en la realidad concreta del hablar. Esto no prejuzga, por supuesto, que el masculino preceda necesariamente al femenino. Ni en el nivel de la significación idiomática ni en el nivel de la denotación se puede decir que las cosas sean así. Como dijimos ya, en el nivel del sistema de la lengua ni el femenino procede del masculino, ni el masculino del femenino, sino que ambos proceden directamente de la base nominal. Por ejemplo: en la pareja *punto / punta*, ni la significación invariante de *punta* procede de la significación invariante de *punto*, ni a la inversa, sino que ambas son modificaciones directas de la significación invariante 'límite último de la dimensión-como objeto independiente' del lexema nominal *punt–*: el primero orienta esta sustancia hacia dentro; el segundo, hacia fuera. Algo distinto es lo que sucede en el terreno de los sentidos, pues aquí, cuando ambas variantes designan aspectos distintos de una misma sustancia, la relación entre ambos es obligatoria. Ahora bien, ¿cuál es el orden de esa relación? ¿Procede siempre la variante femenina, que es semánticamente la más compleja, de la masculina, que es semánticamente la más simple? En absoluto. En este caso, suelen darse dos soluciones distintas: cuando el concepto (no la significación) básico es expresado por la variante masculina, entonces el concepto denotado por la variante femenina se siente como derivado de aquel. De ahí que haya que describir primero aquel y después este como derivado de él: v. gr., *banco* 'institución financiera' / *banca* 'conjunto de instituciones financieras', *fruto* 'producto de árboles o plantas'/ *fruta* 'fruto comestible de ciertas plantas', *quino* 'árbol americano perteneciente a la familia de las rubiáceas'/ *quina* 'corteza del quino', etc. Por eso creemos nosotros que opera mal la Academia cuando, en la oposición *tuno* / *tuna*, por ejemplo, define primero la acepción de la variante femenina ('grupo de estudiantes que forman un conjunto musical'), que es evidentemente derivada, porque simplemente cuantifica, y luego la acepción de la variante masculina a partir de ella ('componente de una tuna'), que es evidentemente primaria, porque indica la sustancia. Por el contrario, cuando el concepto (no la significación) básico es expresado por la variante femenina, entonces es el concepto denotado por la variante masculina el que se siente como derivado. De ahí que en este caso tengamos que describir primero el concepto de la variante femenina y luego el de la masculina a partir de aquel: v. gr., *choza* 'construcción rústica pequeña y tosca'/ *chozo* 'choza pequeña', *teja* 'pieza de barro cocido hecha en forma acanalada' / *tejo* 'pedazo pequeño de teja o cosa semejante', *gimnasia* 'arte de desarrollar, fortalecer y dar flexibilidad al cuerpo por medio de ciertos ejercicios' / *gimnasio* 'lugar destinado a ejercicios gimnásticos', *merluza* 'determinada especie de pez teleósteo' / *merluzo* 'hombre bobo, tonto'. Lo que quiere decir que los conceptos nominales primarios pueden expresarse en español de dos formas distintas: como sustancia básica, cuando presentan género masculino, y como sustancia plena, cuando presentan género femenino. No hay ninguna contradicción en que, aunque el masculino sea la variante que presenta la sustancia en su estado más elemental y el femenino la que presenta la sustancia en su estado más complejo, la variante conceptual de aquel se sienta como derivada y la de este como primaria, pues, como sabemos, la designación es arbitraria respecto de la significación. Todo dependerá de las condiciones de las cosas designadas. Si la variante femenina denota el concepto de base, es lógico que la forma masculina se entienda como reducción de dicho concepto; si, por el contrario, es la variante masculina la que se entiende como concepto de base, entonces es el femenino el que se entiende como ampliación, determinación, etc., de aquel. Entre estos dos extremos, se encuentran, no obstante, un sinfín de situaciones intermedias en que es enormemente difícil determinar con exactitud si es el sentido de la variante femenina el que procede del sentido de la variante masculina, o a la inversa. Según Corominas, en español antiguo existía la oposición *rato* 'ratón'/ *rata* 'mamífero roedor mayor que el ratón'. ¿Cuál de estos dos nombres surgió primero? ¿El masculino o el femenino? No lo sabemos con seguridad, pero es evidente que, si surgió primero la variante masculina *rato* 'ratón', la femenina *rata* se vería como 'ampliación o aumento de aquella': la rata se concibe como una especie de ratón grande; por el contrario, si la primera que surgió fue la forma femenina *rata*, esta se interpretaría como realidad plena, y la masculina se vería como reducción de su sustancia: el rato se concibe como una especie de rata pequeña. Aún hoy, en algunas zonas del mundo hispánico, *rato* se entiende como 'ratón casero y campesino'. Se trata, en todo caso, de una alteración que afecta solamente al sentido, no a la significación del género. Como indica el mismo Corominas, este uso de la oposición de género gramatical debió de resultar poco convincente puesto que, desde muy temprano, el pequeño roedor designado con la forma masculina *rato* empezó a ser designado con el derivado en *–ón ratón*, con sentido diminutivo (como el *–on* de *perdigón* o *ansarón*), con lo que cambió de forma sustancial la manera de significar dicho animal: antes se significaba como 'sustancia básica', que es lo que significa *–o*; ahora se significa como 'sustancia que supera bruscamente el límite de su materia semántica', que es lo que significa *–ón*. En esta nueva situación, ya la forma masculina *rato* quedaba libre para ser utilizada como 'rata macho', que es sentido vigente incluso actualmente, como indica el DRAE. Totalmente opuesta fue la solución que dio el portugués a esta misma oposición. En esta lengua, la forma masculina *rato* se suele usar en el sentido de 'ratón', la forma femenina *rata*, en el sentido de 'ratón hembra', y la forma aumentativa *ratao*, en el sentido de 'rata' (Figueiredo 1986: s. v. *rata*, *ratao*, *rato*).

Pues bien, si, como decimos, lo que significa constante e invariablemente el género gramatical es algo así como 'orientación de la sustancia', es evidente que dicha significación no puede confundirse con la significación propia del resto de los sufijos nominales de la lengua española, los que Pottier denomina *facultativos* (Alvar y Pottier 1983: 35). Por ejemplo, los sufijos *–ito* e *–illo* presentan la sustancia 'llegando puntualmente a su límite' (Morera 2005: 147-158). De ahí que la gramática tradicional los clasificara como *diminutivos*. Por el contrario, los sufijos *–ón* y *–ote*, también por ejemplo, presentan la sustancia 'superando su límite' de una u otra manera (Morera 2005: 158-169). De ahí que la gramática tradicional los clasificara como *aumentativos*. Por eso no significan lo mismo el diminutivo *chozo* que el diminutivo *chocita*, o el aumentativo *garbanza* que el aumentativo *garbanzote*. En el caso de *chozo* y *garbanza*, los efectos de empequeñecimiento y agrandamiento se expresan a través de la orientación de la sustancia del nombre de base: el referente de *chozo* se entiende como más pequeño que el referente de *choza*, porque la orientación centrípeta del masculino presenta la sustancia reducida a lo básico; el referente de *garbanza* se entiende como más grande que el referente de *garbanzo*, porque la orientación centrífuga del femenino presenta la sustancia ampliada. Por el contrario, en el caso de *chocita* y *garbanzote*, los efectos de empequeñecimiento y agrandamiento se expresan a través de la cuantificación interna que implican los sufijos *–ito* y *–ote*: el referente de *chocita* se entiende como más pequeño que el referente de *choza*, porque el sufijo *–ito* presenta la sustancia llegando puntualmente o perfectamente a su límite; el referente de *garbanzote* se entiende como más grande que el referente de *garbanzo*, porque el sufijo *–ote* presenta la sustancia de base superando su límite. Se trata, por tanto, de complementos morfológicos que nada tienen que ver con los sufijos de género: estos son meros orientadores de la sustancia; aquellos cuantificadores internos de la sustancia. Dicho de otra manera: género y sufijos facultativos no conmutan, sino que contrastan en la cadena hablada. De ahí que, como señalamos más arriba, desde el punto de visto semántico-lingüístico, no haya ninguna razón para atribuir al género función semántica derivativa.

Para terminar este apartado, hemos de añadir algo respecto del significante del género. Señalamos más arriba que el género solamente se puede expresar en español de forma morfológica, mediante los sufijos *–o* para el masculino y *–a* para el femenino, o de forma sintáctica, mediante el determinante o el adjetivo. Por el contrario, nuestra tradición gramatical considera, como vimos anteriormente, que hay otra forma morfológica de expresar el femenino, que es mediante los sufijos *–ina*, *–esa (ísa)* o *–iz*. Pero ¿son realmente los sufijos mencionados variantes de expresión del género femenino? ¿Se limitan los sufijos *–ina*, *–esa (–isa)* e *–iz* a significar 'orientación centrífuga de la sustancia', como el sufijo *–a*? Nosotros creemos que no, que estos sufijos presentan un valor intrínseco que va más allá del valor propio del femenino, un valor morfológico que, como todo valor morfológico, resulta de muy difícil determinación. De ahí que no sea lo mismo *poetisa* que *poeta*, *tigresa* que *tigra*, *almirantesa* que *almiranta*, *actriz* que *actora*, etc. Precisamente por ello, porque se trata de sustantivos parcialmente distintos, es por lo que cada uno de ellos tiene sus propias formas genéricas: los femeninos gramaticales de los masculinos *el poeta*, *el tigre*, *el almirante*, *el actor* y *gallo*, no son *poetisa*, *tigresa*, *almirantesa*, *actriz* y *gallina*, sino más concretamente *la poeta*, *tigra*, *almiranta*, *actora* y **galla*. Es lo que explica el rechazo que sienten las mujeres poetas por el término *poetisa*, que consideran degradante, como indica la misma Academia: "Para justificar este rechazo se han aducido, entre otras razones, que *poetisa* lleva a veces asociada la connotación de 'poeta menor', y también que el uso de *poeta* como común en cuanto al género se documenta ya en la lengua clásica" (Academia 2009: 99). A la inversa, los masculinos gramaticales de las formas femeninas *poetisa*, *tigresa*, *almirantesa*, *actriz*, *reina* y *gallina* no son, obviamente, *el poeta*, *el tigre*, *el almirante*, *el actor* y *gallo*, sino más exactamente *poetiso* (que vimos más arriba en un texto de Unamuno), **tigreso*, **almiranteso*, **actrizo* y *gallino*, que se usa en Andalucía y Murcia en el sentido despectivo de 'gallo al que le faltan las cobijas de la cola'. Lo que plantean, pues, los morfemas que nos ocupan no es un problema de género gramatical *sensu stricto*, sino un problema de complementación morfológica que va mucho más allá del género gramatical. Como antes, la confusión género gramatical y sexo, que ha viciado el análisis del problema semántico que consideramos, ha llevado a equiparar cosas que en el sistema de la lengua nada tienen que ver entre sí.

3 El género gramatical en la realidad concreta del hablar (*parole*)

Como vimos antes, en la realidad concreta del hablar, los lexemas nominales españoles pueden manifestarse de dos maneras genéricas totalmente distintas, lo que determina de forma decisiva el comportamiento referencial o denotativo del morfema de género.

De un lado, pueden manifestarse en una sola de las dos variantes genéricas posibles. Es lo que sucede en el caso de los lexemas nominales *cas–*, *mes–*, *list–*, *sill–* y *form–*, que solamente han actualizado la variante femenina, la variante que orienta la sustancia hacia fuera del núcleo: *casa*, *mesa*, *lista*, *silla* y *forma*; o en el caso de los lexemas nominales *libr–*, *hombr–*, *asient–*, *mur–* y *pal–*, que, al contrario que los anteriores, solamente han actualizado la variante masculina, la que orienta la sustancia hacia dentro, hacia el núcleo: *libro*, *hombro*, *asiento*, *muro* y *palo*. El hecho de que el lexema nominal se manifieste en estos casos bajo una única forma genérica, de que en el discurso no haya contraste con la forma complementaria, porque esta no se ha actualizado, determina que no sea posible atribuir aquí sentido al morfema de género. Concretamente, en nuestros ejemplos, ni el *–a* de *casa*, *mesa*, *lista*, *silla* y *forma* ni el *–o* de *libro*, *hombro*, *asiento*, *muro* y *palo* poseen orientaciones de sentido particulares, aunque el primero presente la sustancia de sus bases nominales orientadas o proyectadas hacia fuera y el segundo las presente orientadas o proyectadas hacia dentro.

En el mismo grupo de usos del morfema de género sin orientación de sustancia clara, hay que encuadrar también a todos aquellos sustantivos que, aun actualizando las dos variantes, cada una de ellas pertenece a registros diatópicos, diastráticos, diafásicos o históricos distintos. Es lo que sucede en el caso de las bases nominales *azucarer–*, *cencerr–*, *crib–*, *costumbre*, *sartén*, *ubre*, *legumbre*, etc., que, aunque han actualizado tanto la variante masculina (*azucarero*, *cencerro*, *cribo*, *el costumbre*, *el sartén*, *el ubre*, *el legumbre*) como la variante femenina (*azucarera*, *cencerra*, *criba*, *la costumbre*, *la sartén*, *la ubre*, *la legumbre*), ambas pertenecen a registros idiomáticos diferentes. Así, como sabemos ya, en el habla tradicional de Canarias, se prefieren las variantes *azucarera*, *el costumbre*, *el sartén*, *el ubre* y *el legumbre*, en tanto que en el español estándar se prefieren las variantes *azucarero*, *la costumbre*, *la sartén, la ubre* y *la legumbre*. En estos casos, no hay diferencia de sentido extralingüístico, porque no hay contraste.

Pero que el morfema de género no desarrolle en estos casos un sentido (que es extralingüístico, no se olvide) determinado no implica, ni mucho menos, que carezca de significación idiomática. Todo lo contrario: las formas masculinas (*azucarero, cencerro, cribo, el costumbre, el sartén, el ubre* y *el legumbre*) presentan la sustancia de base orientada o proyectada hacia dentro y las formas femeninas (*azucarera, cencerra, criba, la costumbre, la sartén, la ubre* y *la legumbre*) presentan esa sustancia orientada o proyectada hacia fuera. Lo que sucede aquí, por tanto, es que en cada uno de los ámbitos idiomáticos implicados se ve la referencia en cuestión desde puntos de vista genéricos distintos: en el caso del lexema nominal *azucarer–*, el español estándar, con su forma masculina, presenta la sustancia orientada hacia dentro, mientras que el español tradicional de Canarias, con su forma femenina, la presenta orientada hacia fuera; en el caso de los lexemas nominales *costumbre, sartén, ubre* y *legumbre*, el español estándar, con sus formas femeninas, presenta la sustancia orientada hacia fuera, en tanto que el español tradicional de Canarias, con sus formas masculinas, presentan la sustancia orientada hacia dentro. No hay, por tanto, sinonimia genérica, sustantivos de género ambiguo, como quiere la gramática tradicional. Lo que se llama aquí sinonimia lingüística no es otra cosa, como siempre, que confluencia de signos lingüísticos diversos en una misma referencia. ¿Significa lo mismo *el mar* que *la mar*? Nuestra tradición gramatical ve diferencias geográficas, de registro, de frecuencia o de uso, tal y como indica la Academia y vimos más atrás. Recordemos: "Se dan a menudo ciertas diferencias geográficas, de registro, de frecuencia o simplemente de uso entre las dos variantes de los sustantivos ambiguos. Así entre las gentes de mar es más frecuente usar (en varios países) el sustantivo *mar* como femenino (*la mar*; *mar bravía*), pero la última opción es más usual en la lengua común. Se emplea *mar* como femenino en expresiones como *en alta mar, mar arbolada* o en *hacerse a la mar, pelillos a la mar* (…), y también en el grupo cuantificativo *la mar de*, como en *Es hombre que ha leído la mar de libros* (Cela, *Colmena*). En plural es hoy mayoritario el masculino (*En mares del sur*). Los sustantivos *bajamar* y *pleamar* son solo femeninos" (Academia 2009: 97). Todo esto es verdad, pero el problema no queda resuelto del todo si no nos preguntamos por las razones intraidiomáticas que gobiernan todos estos hechos superficiales. ¿Por qué, por lo general, prefieren los hombres de la mar la variante femenina y la gente de tierra la variante masculina? ¿Por qué en las combinaciones *alta mar*, *mar gruesa*, *mar rizada*, *mar arbolada*, *hacerse a la mar*, *pelillos a la mar*, *bajamar*, *pleamar*, etc., aparece el femenino, y no el masculino? ¿Por qué es la masculina la variante predominante en el plural? Nosotros creemos que los hombres de la mar prefieren la forma femenina porque consideran el referente en su aspecto más determinado: *la mar* señala una parte definida del mar, la parte navegable, la parte en que está el pescado, la parte afectada por los elementos, etc., etc.; en tanto que la gente de tierra adentro prefiere la forma masculina porque considera dicha sustancia de forma genérica, sin determinación. No se trata de una parte concreta del mar, sino más concretamente del concepto mar en oposición a otros conceptos. No se necesita discriminar dentro del concepto. La determinación del femenino es la que explica también que se diga *alta mar*, *mar arbolada*, *mar rizada*, *hacerse a la mar*, *pelillos a la mar*, *bajamar*, *pleamar* y *la mar de libros*, y no **alto mar*, **mar arbolado*, **mar rizado*, **hacerse al mar*, **pelillos al mar*, **bajamar*, **plenamar* y **el mar de libros*; o que en algunos ámbitos del mundo hispánico, como Canarias, por ejemplo, se emplee esta misma forma para referirse también a la ola marina (Lorenzo / Morera / Ortega 1994: s. v. *mar*). Se trata de un aspecto del mar, frente a otro. La frase *El barco estuvo en quince días en la mar*, por ejemplo, se entiende, no en el sentido de 'el barco estuvo quince días en el medio marino', sino en el sentido de 'el barco estuvo quince días en alta mar, en una parte concreta de él'. Por lo demás, en el plural se prefiere la forma masculina, porque lo que se pretende es precisamente enfrentar el concepto 'mar' en toda su generalidad a otros conceptos, no una parte o un segmento determinado del concepto 'mar'. Ya decía Unamuno respecto del femenino *la mar* que emplea en los sonetos de *De Fuerteventura a París* que "le llamo *la mar* y no *el mar*, porque los mares son el Mediterráneo, el Adriático, el Rojo, el Índico, el Báltico, etc." (soneto XXXII). No hay, por tanto, equivalencia semántica entre las dos variantes genéricas consideradas, sino escrupuloso aprovechamiento de sus respectivas diferencias semántico-formales.

¿Significa el sustantivo *la calor* lo mismo que el sustantivo *el calor*? Los mismos que postulan la sinonimia entre ambos términos reconocen que no, que "en el español de Andalucía (España) se percibe una diferencia clara de intensidad a favor del femenino (*el calor*, *las calores*) en relación con el masculino" (Academia 2009: 113), como vimos más atrás. ¿Y por qué se siente el femenino *la calor* más intenso que el masculino *el calor*? Pues simplemente porque presenta la sustancia orientada hacia fuera, motivando así un matiz dimensional. En este sentido, se puede decir que *la calor* es a *el calor* lo mismo que *banca* a *banco*, *jarra* a *jarro* o *guitarra* a *guitarro*.

De todas formas, hay que tener en cuenta que, como todo sustantivo español, dispone de dos posibilidades genéricas en el sistema de la lengua, el hablante siempre podrá crear la no actualizada en cuanto tenga necesidad de ella. Es lo que ha sucedido en el caso de las formas *guitarr–*, *ventan–*, *cabr–*, *person–*, *modist–*, *vac–*, *hembr–*, *perr–* (en el sentido de 'dinero'), *azafat–*, *got–*, *palabr–*, *costurer–*, etc., que, aunque originariamente solo disponían de la variante femenina (*guitarra*, *ventana*, *cabra*, *persona*, *modista*, *vaca*, *hembra*, *perra*, *azafata*, *gota*, *palabra* y *costurera*, con posterioridad actualizaron también la variante masculina correspondiente: *guitarro*, *ventano*, *cabro*, *persono* (lenguaje de los niños), *modisto*, *hembro* (Canarias), *perro* (Canarias), *azafato*, *goto* (Canarias), *palabro*, *y costurero*; o con los lexemas nominales *tip–*, *fresc–*, *mach–*, *poc–*, *grit–*, *sargent–*, *sastre*, por ejemplo, que, aunque originariamente solo disponían de la variante masculina (*tipo*, *fresco*, *macho*, *poco*, *grito*, *sargento* y *el sastre*), con posterioridad actualizaron también la variante femenina (*tipa*, *fresca*, *macha*, *poca*, *grita*, *sargenta* y *sastra*), proporcionando así sentido al contraste. En realidad, toda forma genérica masculina implica la femenina, como toda forma genérica femenina implica la masculina, independientemente de la circunstancia externa de que tales variantes complementarias se hayan actualizado o no en la realidad concreta del hablar. Es evidente que los lexemas nominales *mur–*, *cenicer–*, *libr–* y *carr–*, por ejemplo, no suelen presentar, que sepamos, otra forma genérica que la masculina (*muro*, *cenicero*, *libro* y *carro*), y que los lexemas nominales *hoj–*, *plant–*, *palabr–* y *got–* no suelen presentar otra forma genérica, también que sepamos, que la femenina; pero eso no implica que no posean la forma complementaria en el sistema de la lengua. Evidentemente, en el sistema de la lengua española, las formas masculinas *muro*, *cenicero*, *libro* y *carro*, que presentan la sustancia de base orientada o proyectada hacia dentro, tienen sus femeninos correspondientes, que son **mura*, **cenicera*, **libra* y **carra*, respectivamente, que presentan la sustancia orientada o proyectada hacia fuera; como las formas femeninas *hoja*, *planta*, *palabra* y *gota*, que presentan la sustancia de la base orientada o proyectada hacia fuera, tienen sus correspondientes masculinos, que son **hojo*, **planto*, *palabro* y *goto* (Can.), respectivamente, que presentan la sustancia de base orientada hacia dentro. ¿Qué significa el hipotético **mura*, nos preguntábamos más atrás? Pues, 'orientación o proyección centrífuga de la sustancia'. ¿Qué significa el hipotético **hojo*? Pues, 'orientación o proyección centrípeta de la sustancia'. ¿Qué designan **mura* y **hojo*? Pues, nada, porque se trata de formas que los hispanohablantes no han actualizado todavía en la realidad concreta del hablar. No es ilógico, por tanto, pensar que el género mantiene incólume su significación invariante de 'orientación o proyección centrípeta de la sustancia (masculino) y 'orientación o proyección centrífuga de la sustancia' (femenino) incluso en aquellos casos en que el lexema nominal de base no ha actualizado más que una de las dos variantes genéricas posibles.

De otro lado, pueden manifestarse los lexemas nominales españoles bajo las dos formas genéricas posibles. Es lo que sucede en el caso de las formas *terminal*, *lechuz–*, *tron–*, *tromp–*, *rued–*, *rodill–*, *ray–*, *punt–*, *poll–*, *per–*, *pellej–*, *peg–*, *jarr–*, *muchach–*, *banc–*, *mar*, etc., que han actualizado tanto la variante genérica masculina (*el terminal*, *lechuzo*, *trono*, *trompo*, *ruedo*, *rodillo*, *rayo*, *punto*, *pollo*, *pero*, *pellejo*, *pego*, *jarro*, *muchacho*, *banco* y *el mar*) como la variante genérica femenina: *la terminal*, *lechuza*, *trona*, *trompa*, *rueda*, *rodilla*, *raya*, *punta*, *polla*, *pera*, *pelleja*, *pega*, *jarra*, *muchacha*, *banca* y *la mar*. La existencia de contraste determina que el morfema de género pueda desarrollar en estos casos un sentido denotativo particular, dependiendo de factores referenciales o históricos más o menos diversos, como pasamos a explicar a continuación.

Si se aplican a igual o similar sustancia, entonces ambas variantes genéricas suelen adquirir un sentido ideológico más o menos relacionado, que va generalmente del sentido que adquiere la variante masculina (que presenta la sustancia en su estado más elemental) al sentido que adquiere la variante femenina (que presenta una versión más compleja de la sustancia). Como indicamos más arriba, el masculino suele entenderse como punto de partida del proceso denotativo implicado en el género (agente, instrumento, lugar, medio, materia, género, planta, unidad de cuantificación, modelo o término de comparación, clase, etc.) y el femenino como proyección de ese punto de partida o elemento primario, proyección que puede entenderse en los sentidos más diversos: actividad del agente, cosa que se pone el agente, lugar donde vive o trabaja el agente, cosa que se hace con el instrumento, especie particular de clase, fruto, sustancia, etc., que produce un árbol, actividad que se realiza en un determinado lugar, etc., etc. Y esto sucede así incluso en muchos de los nombres que la tradición gramatical clasifica como de género ambiguo: *mar*, *calor*, *color*, *fin*… Como indicamos antes, no hay aquí ambigüedad, sino una diferencia de sentido muy sutil (determinada por el contraste semántico 'orientación o proyección centrípeta de la sustancia' / 'orientación o proyección centrífuga de la sustancia') que va desde el sentido determinado de *la mar*, frente al genérico *el mar*, hasta el sentido intenso de *la calor* o *la fin*, frente a *el calor* y *el fin*, de sentido más neutro.

Si las dos variantes genéricas del nombre se aplican a sustancias distintas, porque la una ha surgido independientemente de la otra, entonces los hablantes no establecen ningún vínculo lógico-referencial entre ellas. Es lo que sucede en el caso de las parejas *bolillo* 'palo pequeño y torneado que sirve para hacer encaje y pasamanería' y *bolilla* 'bola pequeña numerada que se usa en los sorteos', *primo* 'respecto de una persona, hijo o hija de su tío o tía' y *prima* 'cantidad extra de dinero que se da a alguien a modo de recompensa', *trato* 'acción y efecto de tratar' y *trata* 'tráfico que consiste en vender seres humanos como esclavos', *tiro* 'acción y efecto de tirar' y *tira* 'pedazo largo y angosto de tela, papel, cuero u otra cosa delgada', *el frente* 'primera fila de la tropa formada o acampada' y *la frente* 'parte delantera de una cosa, a diferencia de sus lados', *suelo* 'superficie de la tierra' y *suela* 'parte del calzado que toca el suelo', *rulo* 'bola gruesa u otra cosa redonda que rueda fácilmente' y *rula* 'juego semejante a la chueca', *ruedo* 'acción de rodar' y *rueda* 'pieza mecánica en forma de disco que da vueltas alrededor de su eje', *rótulo* 'título de un escrito o de una parte suya' y *rótula* 'hueso en la parte anterior de la articulación de la tibia con el fémur' (anat.), *rodillo* 'madero redondo y fuerte que se hace rodar por el suelo, para llevar sobre él algo de mucho peso' y *rodilla* 'conjunto de las partes blandas y duras que forman la unión del muslo con la pierna', *rayo* 'línea de luz que procede de un cuerpo luminoso' y *raya* 'línea o señal larga y estrecha que, de forma natural o artificial, se forma sobre un cuerpo', *punto* 'señal de dimensiones pequeñas perceptible en una superficie' y *punta* 'extremo agudo de un arma blanca u otro instrumento', *po-*

rrino 'simiente de los puerros' y *porrina* 'hojas verdes del puerro', *el capital* 'hacienda, caudal, patrimonio' y *la capital* 'población que destaca en algún aspecto o actividad', *el parte* 'comunicación de cualquier clase transmitida por telégrafo, teléfono, radiotelevisión, etc.' y *la parte* 'porción indeterminada de un todo', *el clave* 'clavecín' y *la clave* 'código de signos convenidos para la transmisión de mensajes secretos o privados', *el pendiente* 'arete con adorno colgante o sin él' y *la pendiente* 'cuesta o declive de un terreno', *tormento* 'angustia o dolor físico' y *tormenta* 'perturbación atmosférica violenta acompañada de aparato eléctrico y viento fuerte', *caño* 'tubo corto, particularmente el que forma, junto con otros, las tuberías' y *caña* 'tallo de las plantas gramíneas, por lo común, hueco y nudoso', *mango* 'parte alargada o estrecha, con un extremo libre, por el cual se puede agarrar un instrumento o utensilio' y *manga* 'parte del vestido en que se mete el brazo', etc. En ningún caso se puede aceptar, pues, la hipótesis de que nos encontramos ante signos léxicos distintos, como se ha sugerido en algunas ocasiones. La única diferencia semántico-formal inherente que hay aquí es gramatical: las formas masculinas *el frente*, *el terminal*, *tiro*, *terno*, *suelo*, *zapato*, *rulo*, *ruedo*, *rótulo*, *rodillo*, *rayo*, *punto*, *pero* y *pego* presentan la misma significación primaria y categorial que las formas femeninas *la frente*, *la terminal*, *tira*, *terna*, *suela*, *zapata*, *rula*, *rueda*, *rótula*, *rodilla*, *raya*, *punta*, *pera* y *pega*. Lo demás es sentido. Y es que las variantes genéricas de un mismo sustantivo no tienen por qué actuar en el mismo ámbito referencial; pueden especializarse, y de hecho se especializan en muchos casos, en ámbitos referenciales distintos, sin que esta circunstancia de discurso afecte lo más mínimo a su significación primaria, categorial y morfológica, que se mantienen constantes. Tampoco es aceptable desde el punto de vista semántico que defendemos aquí la idea de que el género encierra dos funciones distintas: una flexiva (en casos como *niño* / *niña*, *gato* / *gata*) y otra derivativa (en casos como *manzano* / *manzana*, *banco* / *banca*). Lo que es distinto aquí no es la significación inherente al sufijo, sino el efecto de sentido que el mismo adquiere en la realidad concreta del hablar: en el primer caso, se entiende en sentido 'sexual'; en el segundo, en sentido más heterogéneo de 'planta / cosa que produce la planta', 'individualidad / colectividad', etc., etc.

Ocioso resulta señalar que los casos comentados nada tienen que ver con parejas como *plazo* 'término o tiempo señalado para algo' y *plaza* 'lugar ancho y espacioso dentro de un poblado, al que suelen afluir varias calles'; *palo* 'pieza de madera u otro material mucho más larga que gruesa, generalmente cilíndrica y de fácil manejo' y *pala* 'instrumento compuesto de una tabla de madera o una plancha de hierro, comúnmente de forma rectangular o redondeada, y un mango grueso, cilíndrico y más o menos largo, según los usos a que se destina'; *cabillo* 'pezón' y *cabilla* 'barra redonda de hierro, de seis a ocho centímetros de grueso, con la cual se clavan las curvas y otros maderos que entran en la construcción de los buques'; *el corte* 'filo del instrumento con que se corta y taja' y *la corte* 'conjunto de todas las personas que componen la familia y el acompañamiento habitual del rey'; *chicharro* 'residuo de pella o manteca derretida' y *chicharra* 'cigarra', etc., cuyos constituyentes solamente coinciden en el significante (esto es, son signos cuasi homónimos), no en el origen ni en el significado léxico, que son enteramente distintos: *plazo* procede del latín *placitum* 'convencido' y *plaza*, de un hipotético latín vulgar **plattea*; *palo* procede del latín *palus* 'puntal, poste' y *pala*, del latín *pala* 'azada', 'pala'; *cabillo* es diminutivo de *cabo*, en tanto que *cabilla* tiene su origen en el latín **cavicula*, por *clavicula* 'clavija'; *el corte* es la forma nominal del verbo *cortar*, en tanto que *la corte* tiene su origen en el latín *cors*, *cortis* o *cohors*, *cohortis* 'cohorte'; *chicharro* es voz onomatopéyica, mientras que *chicharra* procede de *cigarra* influenciado por la onomatopeya chic. Las parejas *plazo / plaza*, *palo / pala*, *el corte / la corte*, etc., están constituidas por signos léxicos distintos, en tanto que las parejas *zapato / zapata*, *rulo / rula*, *el frente / la frente*, etc., tienen como base el mismo signo léxico, aunque sus referencias no tengan nada que ver entre sí.

Y como las posibilidades referenciales de la oposición semántica 'orientación o proyección centrípeta de la sustancia' / 'orientación o proyección centrífuga de la sustancia' que comentamos son tan amplias, las variantes genéricas de un mismo nombre pueden entrar en oposiciones conceptuales múltiples, desarrollando así un campo de usos más o menos diverso o polisémico. Así, la variante genérica femenina *cerda* del lexema nominal *cerd–* se puede entender, y de hecho se entiende, como 'cerdo hembra', pero también como 'pelo del cerdo', 'enfermedad del cerdo', etc.; la variante genérica femenina *óptica* del lexema nominal *óptic–* se puede entender, y de hecho se entiende, como 'especialidad del óptico', pero también como 'taller del óptico'; la variante femenina *azucarera* del lexema nominal *azucarer–* se puede entender como 'mujer técnica en la fabricación de azúcar', pero también en los sentidos de 'fábrica en que se extrae y elabora el azúcar', 'recipiente que contiene el azúcar', etc.; la variante femenina *carga* del lexema nominal *carg–* se entiende como 'acción y efecto de cargar', pero también en los sentidos de 'cosa que hace peso sobre otra', 'cosa transportada a hombros, a lomo, o en cualquier vehículo', 'peso sostenido por una estructura', 'repuesto del depósito o chasis de un utensilio o aparato cuyo contenido se agota periódicamente', 'en algunos deportes, acción de cargar', 'impuesto o tributo ligado a una propiedad', 'obligación aneja a un estado', 'unidad de medida de algunos productos forestales, como leñas, carbones, frutas', 'cierta cantidad de granos, que en unas partes es de cuatro fanegas y en otras tres', 'boquilla del frasco u otra medida de la pólvora que correspondía a cada disparo en armas de chispa', 'trabajo útil que suministra un motor en cada unidad de tiempo', 'cuidados y aflicciones del ánimo', 'en el seno de un proceso, necesidad de realizar determinados actos para evitar que produzcan perjuicios para la parte' (der.), 'carga eléctrica' (electr.), 'embestida o ataque resuelto al enemigo' (mil.), 'bizma para las caballerías' (veter.), 'acción de disparar a un tiempo muchas armas de fuego'. Todo lo cual quiere decir que las dos variantes genéricas de un mismo nombre pueden contraer relaciones referenciales diversas, según la sustancia que se tenga en cuenta. En realidad, una misma pareja puede concentrar varios de los sentidos posibles del género, sin contradicción alguna. Es lo que explica que sus miembros puedan aparecer sin contradicción en dos o más categorías conceptuales de sus respectivos campos de usos.

La polisemia denotativa del género se hace todavía más compleja si tenemos en cuenta que cada uno de los sentidos primarios mencionados puede actuar como punto de partida de otros usos secundarios, por extensión semántica, desplazamiento metonímico o aplicación metafórica. Es lo que ha sucedido con la mencionada acepción primaria 'pelo del cerdo' de la forma *cerda*, que ha desarrollado las acepciones secundarias 'pelo grueso, duro y largo que tienen las caballerías en la cola y en la cima del cuello' y 'pelo de cepillo de brocha, etc., de material animal o artificial', por extensión semántica, la acepción 'alar o lazo hecho de cerda, para cazar perdices', por desplazamiento metonímico, y 'manojo pequeño de lino, sin rastrillar' y 'mies segada', por aplicación metafórica.

El hecho de que la forma semánticamente más compleja de la oposición de género, que es la femenina, desarrolle en muchos casos varias relaciones de la cosa designada por la forma básica, que es la masculina, podría inducir a pensar que su campo de usos es siempre más amplio que el de este. Y en efecto así es frecuentemente. Piénsese, por ejemplo, en la oposición *músico / música*, cuya variante masculina solamente presenta una acepción ('persona que conoce el arte de la música y lo ejerce, especialmente como instrumentista o compositor') y la variante femenina diez: 'melodía, ritmo y armonía combinados', 'sucesión de sonidos modulados para recrear el oído', 'concierto de instrumentos o voces, o ambas cosas a la vez', 'arte de combinar los sonidos de la voz humana o de los instrumentos o de unos y otros a la vez, conmoviendo la sensibilidad, ya sea alegre, ya tristemente', 'compañía de músicos que cantan o tocan juntos', 'composición musical', 'colección de papeles en que están escritas las composiciones musicales', 'sonido grato al oído', 'ruido desagradable', 'palabras elegantes y promesas vanas y que no tienen sustancia ni utilidad'. Se observa, sin embargo, que en otros muchos casos sucede todo lo contrario. Así, en la pareja *codo / coda*, la variante masculina presenta seis acepciones ('parte posterior y prominente de la articulación del brazo con el antebrazo', 'coyuntura del brazo de los cuadrúpedos', 'trozo de tubo doblado en ángulo o en arco, que sirve para variar la dirección recta de una tubería', 'medida lineal, que se tomó de la distancia que media desde el codo a la extremidad de la mano', 'parte de un prenda de vestir que cubre el codo' y 'persona tacaña, mezquina' (C. Rica, El Salv. y Hond.) y la variante femenina una sola: 'prisma pequeño triangular, de madera, que se encola en el ángulo entrante formado por la unión de dos tablas, para que esta sea más segura'. ¿Por qué puede la variante menos marcada del género presentar en muchos nombres mayor número de acepciones que la variante femenina? Pues, precisamente por eso, por su propia función de presentar la sustancia en su estado básico o genérico. En otros muchos casos, el campo de usos de la variante masculina y el de la variante femenina se encuentran más o menos equilibrados: v. gr., *cepo / cepa*, cuya variante masculina presenta los sentidos 'instrumento para asegurar al reo', 'instrumento para devanar la seda antes de torcerla', 'artefacto para cazar', 'instrumento para inmovilizar automóviles', 'capillo para limosnas', 'instrumento de madera para sujetar la pieza de artillería', 'instrumento para sujetar el periódico', 'rama del árbol, gajo, etc.', 'madero en que se sujetan los tornillos en herrerías, etc.' y 'conjunto de vigas que sujetan las piezas de madera', y la variante femenina los sentidos 'parte del tronco de un árbol que están dentro de la tierra', 'raíz de algunas cosas como las astas y colas de animales', 'núcleo de un nublado', 'tronco u origen de una familia o linaje', 'en los arcos y puentes, parte del machón desde que sale de la tierra hasta la imposta' (arq.), 'grupo de organismos emparentados, como las bacterias, los hongos o los virus, cuya ascendencia común es conocida' (biol.), 'conjunto de varias plantas que tienen una raíz común' (Hond.) y ''hoyo' (Méx.). En realidad, respecto de la rentabilidad denotativa de cada una de las variantes del género, nada se puede decir con seguridad, porque en el hablar concreto las palabras se encuentran sometidas a imponderables razones pragmáticas e históricas, que son las que determinan sus particulares orientaciones de sentido.

Además de esto, hay que tener en cuenta que, como el mundo de las referencias es un continuo sin límites precisos, no siempre es fácil determinar qué sentido concreto presenta la oposición de género, cuyo significado, que es de naturaleza formal, nada tiene que ver con lo conceptual. Sabemos que lo que diferencia constante e invariablemente el sustantivo *bombo* (que el diccionario define como 'tambor muy grande que se toca con una maza', 'persona que toca este instrumento', 'buque de fondo chato, poco calado, muy romo o lleno en la proa, que sirve para cargar o para el paso de un brazo estrecho de mar', 'caja cilíndrica o esférica que sirve para contener bolas numeradas, papeletas escritas u otros objetos que han de sacarse a la suerte', 'vaso, ordinariamente de cuero y de forma semejante a la de una botella ancha y gollete muy corto, que en ciertos juegos de billar sirve para contener bolas numeradas que han de distribuirse por suerte entre los jugadores', 'elogio exagerado y ruidoso con que se exalta a una persona o anuncia o publica algo' y 'vientre voluminoso de una mujer embarazada') del sustantivo *bomba* (que el diccionario define como 'máquina o artefacto para elevar el agua u otro líquido y darle impulso en una dirección determinada', 'artefacto explosivo provisto del artificio necesario para que estalle en el momento conveniente', 'en los instrumentos musicales de metal, tubo encorvado que por sus extremos enchufa con otros abiertos en la mitad del instrumento, y sirve, sacándolo más o menos, para la buena afinación', 'en los molinos de aceite, tinaja soterrada donde se recoge el agua que sale del pozuelo, y sirve para separar de esta el aceite que pueda contener', 'explosión final de una traca', 'pieza hueca de cristal, abierta por la parte superior e inferior, y generalmente esférica, que se ponía en las lámparas y otros utensilios semejantes, para que alumbraran mejor y la luz no molestara la vista', 'surtidor de gasolina', 'hecho inusitado que produce asombro general', 'persona, cosa o suceso extraordinario', 'versos que se improvisan en algunas fiestas populares', 'sombrero de copa' (And.), 'embriaguez' (And., Ecuad., Guat., Hond. y Perú), 'receptáculo de materia flexible llena de gas, globo' (Col., C. Rica y Ven.), 'gasolinera' (C. Rica), 'lámpara en forma de globo' (Cuba), 'persona molesta y antipática' (Cuba), 'corazón' (Cuba) y 'yacimiento de diamantes que se encuentra en los ríos' (Ven.)) es que el primero presenta la sustancia del lexema nominal *bomb–* orientada o proyectada hacia dentro y el segundo orientada o proyectada hacia fuera. Pero ¿a qué conceptos básicos se refiere esa diferencia semántica? ¿A los conceptos instrumento o artefacto / actividad de ese instrumento o artefacto? ¿A los conceptos genérico / específico? Ninguna de estas diferencias conceptuales se ven con claridad aquí, aunque la significación semántico-formal de la oposición sea tan rigurosa. Otros ejemplos: ¿Se podría concebir la designación de *caño* como una parte de la designación de *caña*? ¿Está la *caña* formada por *caños*? Depende de qué entendamos por cada una de estas cosas. Lo que sí sabemos con total seguridad es en qué se diferencian lingüísticamente ambos sustantivos: *caño* presenta la sustancia de base orientada hacia dentro, en tanto que *caña* la presenta orientada hacia fuera. También sabemos que lo que diferencia constante e invariablemente la oposición *huerto* / *huerta* es que el morfema –o del primero orienta o proyecta la sustancia de base *huert–* hacia dentro, en tanto que la –a del segundo la proyecta hacia fuera. Pero ¿qué designa exactamente esta diferencia semántica? ¿La oposición grande / pequeño, como se ha supuesto tradicionalmente? ¿La oposición básico / ampliado, como dicen otros? La cosa es tan poco clara, que, la misma Academia, que define en su diccionario *huerto* como 'terreno de corta extensión, generalmente cercado de pared, en que se plantan verduras, legumbres y a veces árboles frutales' y *huerta* como 'terreno de mayor extensión que el huerto, destinado al cultivo de legumbres y árboles frutales', ha terminado por reconocer en su citada Nueva gramática de la lengua española que "debe advertirse que estas oposiciones no son regulares, y que el criterio que se suele aducir para establecerlas proporciona con frecuencia resultados aproximados. Suelen reconocerse, por ejemplo, diferencias de tamaño a los referentes de *huerto / huerta* o de *jarro / jarra* pero cabe hacer notar que una huerta pequeña no es huerto, ni tampoco un huerto grande es necesariamente huerta. Análogamente, el jarro y la jarra no se diferencian solo por el tamaño, sino por la forma, la función, la constitución" (Academia 2009: 92). Y es que lo único que es constante e inmutable en la oposición de género es el contraste semántico-formal 'orientación centrípeta de la sustancia' / 'orientación centrífuga de la sustancia'. Por el contrario, el sentido, en caso de que se encuentre alguno determinado, es enteramente variante.

Es lo que explica las discrepancias que se dan entre los distintos autores a la hora de definir y clasificar conceptualmente las variantes genéricas de muchos sustantivos. Bien planteado el asunto del sentido de las variantes del género gramatical, se descubre que realmente cada pareja plantea un problema particular, difícil, cuando no imposible, de reducir a clases conceptuales perfectamente coherentes. Es más: se da el caso frecuente de que la oposición de género presente sentidos denotativos antitéticos, obviamente, sin alterar su mencionado valor inherente. En las parejas *óptico / óptica*, *azucarero / azucarera*, *cochero / cochera*, *hueso / huesa*, por ejemplo, la variante masculina (*óptico*, *azucarero*, *cochero*) o cosa (hueso) y la variante femenina el lugar donde ejerce su actividad el agente (*óptica*, *azucarera* y *cochera*) o lugar donde se deposita dicha cosa (*huesa*). Sin embargo, en las parejas *gimnasio / gimnasia*, *piso / pisa*, *puesto / puesta*, por ejemplo, ocurre todo lo contrario: la variante masculina (*gimnasio*, *piso* y *puesto* designa el lugar y la variante femenina (*gimnasia*, *pisa* y *puesta*) la actividad que se realiza en dicho lugar o la cosa que se pone en él. Cuando se trata de nombres de vegetales, lo normal es que la variante masculina designe la planta y la variante femenina el producto de la planta, como se observa en el caso de las parejas *manzano / manzana*, *ciruelo / ciruela*, *quino / quina*, etc., pero hay casos en que masculino y femenino invierten los papeles. Por ejemplo, en Andalucía y América, la oposición *tuno / tuna*, en concreto, se entiende en el sentido de 'fruto de la tuna' / 'determinada planta de la familia de las cactáceas'. En el ámbito designativo de la dimensión, la forma masculina suele designar el elemento pequeño o individual y la femenina el elemento pleno, grande, colectivo, continuo, etc., como se aprecia en las parejas *guitarro / guitarra*, *ventano / ventana*, *leño / leña*, etc., pero en algunos casos la oposición se interpreta en el sentido inverso: v. gr., *barco / barca, balandro / balandra, cuchillo / cuchilla, perol / perola*, etc. ¿Se puede extraer de esta diversidad designativa la conclusión de que la oposición de género presenta en nuestra lengua significados distintos según los casos? En absoluto. Lo que ocurre aquí es que cambia la perspectiva semántica en la forma de significar los referentes. En los casos de *óptico / óptica, azucarero / azucarera, cochero / cochera* y *hueso / huesa*, el agente y la cosa se presentan como punto de partida de la relación, porque los sustantivos que los designan presentan determinación genérica masculina, en tanto que el lugar donde ejercen su actividad esos agentes o donde se coloca dicha cosa se presentan como término de la relación, porque los nombres que lo designan presentan determinación genérica femenina. Por el contrario, en los casos de *gimnasio / gimnasia, piso / pisa* y *puesto / puesta*, el lugar se presenta como punto de partida de la relación, porque los nombres que los designan presentan determinación genérica masculina, en tanto que la actividad que se realiza en ese lugar o la cosa que se ubica en él se presentan como término de la relación, porque los nombres que las designan presentan determinación genérica femenina. Exactamente lo mismo ocurre en el caso de los nombres de vegetales: en las parejas *manzano / manzana, quino / quina, almendro / almendra*, etc., la planta se presenta como punto de partida de la relación, porque aparece significada por sustantivos con determinación genérica masculina, y el fruto o el producto de esa planta como término de la relación, porque aparece significado por sustantivos con determinación genérica femenina. Por el contrario, en el pareja *tuno / tuna* de Andalucía y algunas zonas de América, el fruto se presenta como punto de partida de la relación, porque se expresa mediante variante genérica masculina, y la planta como término de la relación, porque se expresa mediante variante genérica femenina. La misma explicación tiene la aparente contradicción del género en los casos de *ventano / ventana, guitarro / guitarra* y *leño / leña*, donde el masculino designa el elemento pequeño o básico y el femenino el elemento pleno o el colectivo, por una parte, y *barco / barca, balandro / balandra, cuchillo / cuchilla* y *perol / perola*, donde ocurre lo contrario, por otra. En el primer caso, la cosa pequeña o básica se presenta como punto de partida de la relación, porque se significa mediante masculino, y la cosa plena o el colectivo se presenta como término de la relación, porque se significa mediante femenino. En el segundo, por el contrario, la cosa plena se presenta como punto de partida, porque se significa mediante masculino, y la cosa reducida como término de la relación, porque se significa mediante femenino.

3.1 El campo de usos del masculino

El hecho de que el masculino presente la sustancia del nombre que le sirve de base orientada o proyectada hacia el referente, concentrándose o encerrándose en sí mismo, determina que la persona, animal o cosa designada por él se interprete generalmente como elemento básico, primario o punto de partida de una relación. Este elemento básico o primario, con capacidad para generar otras cosas de su misma sustancia, puede entenderse, según la naturaleza de la persona, animal o cosa designada y los contextos de uso, en los sentidos siguientes:

A) 'Agente, que realiza acciones, produce efectos, posee determinados atributos, trabaja en un determinado lugar, padece enfermedades, se viste y se calza con tales y cuales prendas, etc.'. Es lo que sucede en casos como

químico 'persona que profesa la química o tiene en ella especiales conocimientos', *perro* 'hombre tenaz, firme y constante en alguna opinión o empresa', *óptico* 'persona con titulación oficial para trabajar en materia de óptica', *músico* 'persona que conoce el arte de la música y lo ejerce, especialmente como instrumentista o compositor', *mecánico* 'persona que profesa la mecánica', *marino* 'persona que se ejercita en la náutica', *malagueño* 'persona natural de Málaga', *granadino* 'persona natural de Granada', *guío* 'persona que guía la cuadrilla en la danza' (Can.), *gramático* 'persona entendida en gramática o que escribe sobre ella', *doctrino* 'niño huérfano que se recoge en un colegio con el fin de criarlo y educarlo hasta que esté en edad de aprender un oficio', *culturo* 'persona que gestiona la cultura' (Can.), *coño* 'tipo, individuo' (Ven.), *chivo* 'cría de la cabra, desde que deja de mamar hasta que llega a la edad de procrear', *chacarero* 'persona que trabaja en una chácara', *cargo* 'persona que desempeña un empleo u oficio', *adivino* 'persona que adivina o predice el futuro', *pistolo* 'policía' (coloq.), *manguero* 'persona que tiene el cargo u oficio de manejar las mangueras de las bombas o de las bocas de riego', *barbo* 'pez de río, fisóstomo, con cuatro barbillas en la mandíbula superior', *bilbaíno* 'persona natural de Bilbao', *americano* 'persona natural de América', *calesero* 'persona que tiene por oficio conducir calesas', *islo* 'persona que vive en una isla' (Can.), *cochero* 'persona que conduce un coche, normalmente de caballos', *azucarero* 'persona técnica en la fabricación de azúcar', *caballerizo* 'persona que tiene a su cargo el gobierno y cuidado de la caballeriza y de quienes sirven en ella', *soldado* 'persona que sirve en la milicia', *zorro* 'hombre taimado, astuto', *retirado* 'persona que se encuentra en situación de retiro', *cerdo* 'mamífero artidáctilo del grupo de los suidos', *caracol* 'molusco testáceo de la clase de los gasterópodos', *editor* 'persona que publica por medio de la imprenta u otro procedimiento una obra, ajena por lo regular, un periódico, un disco, etc., multiplicando los ejemplares', *cantero* 'hombre que tiene por oficio extraer piedras de una cantera', *constructor* 'persona que construye obras', *enemigo* 'persona que tiene mala voluntad a otra y le desea o hace mal', *cátedro* 'profesor titular de una cátedra', etc.

También pertenecen a este apartado referencial del masculino determinados nombres morfológicamente femeninos cuando se combinan con mostrativos o determinantes masculinos: *el guitarra*, *el trompeta*... Estos agentivos sintácticos pueden entenderse en sentidos diversos, según la naturaleza denotativa del mencionado nombre descriptivo femenino. Así, cuando este denota instrumento, la combinación se entiende como agente que usa ese instrumento: *el espada*, *el corneta*, *el flauta*, *el batería*. Cuando el femenino denota actividad, la combinación se entiende en el sentido de agente que realiza esa actividad: v. gr., *el cura*, *el guía*, *el guarda*, *el centinela*, *el vigía*, *el policía*. Cuando denota animal o cosa, la combinación se entiende en el sentido de agente que presenta metafóricamente las cualidades de dicho animal o cosa: *un rata*, *un gallina*, *un veleta*. Cuando denota atributo, adorno, etc., entonces la combinación se entiende como agente que presenta el mencionado atributo destacado: *el barbas*, *el chiva*, *el patillas*. Cuando denota fruto, flor, etc., se interpreta en el sentido de agente que tiene el color propio de ese fruto o flor: *el naranja*, *el rosa*, *el lila*, *el calabaza*.

Explicación semántica similar tiene el masculino (*merluzo*, *lechuzo*, *jairo* (Can.), *canelo*, *castaño*...) de determinados nombres femeninos designativos de animales (*merluza*, *lechuza*, *jaira* (Can.), etc.) y de nombres de frutos o productos vegetales (*canela*, *castaña*...), que se entienden metafóricamente como nombres de personas y de colores, respectivamente.

B) 'Árbol o planta productor de frutos o cualquier otra sustancia':

pimiento 'arbusto de la pimienta', *papayo* 'árbol de la familia de las caricáceas', *tilo* 'árbol de la familia de las tiliáceas', *olivo* 'árbol de la familia de las oleáceas', *naranjo* 'árbol de la familia de las rutáceas', *manzano* 'árbol de la familia de las rosáceas', *quisco* 'especie de cacto espinoso' (Chile), *guindo* 'especie de cerezo', *guayabo* 'árbol de América, de la familia de las mirtáceas', *quino* 'especie de árbol de la familia de las rubiáceas', *granado* 'árbol de la familia de las punicáceas', *espino* 'árbol de la familia de las rosáceas', *gavanzo* 'rosal silvestre', *cerezo* 'árbol frutal de la familia de las rosáceas', *mato* 'vegetal bajo', *algarrobo* 'árbol siempre verde de la familia de las papilionáceas', *pámpano* 'sarmiento verde, tierno y delgado de la vid', *almácigo* 'lentisco', etc.

C) 'Fruto que produce un determinado árbol frutal':

tuno 'fruto de la tuna', *guayabo* 'fruto que produce la guayaba' (Can.), etc.

D) 'Instrumento, órgano o cosa, que se emplea o tiene la función de realizar una determinada actividad':

trillo 'instrumento para trillar', *torno* 'máquina para labrar en redondo piezas de madera, metal, hueso, etc.', *pito* 'instrumento pequeño, que produce un sonido agudo cuando se sopla en él', *pico* 'parte saliente de la cabeza de las aves, compuesta de dos piezas córneas, una superior y otra inferior, que termina generalmente en punta y les sirve para tomar el alimento', 'herramienta para picar', *oído* 'sentido corporal que permite percibir los sonidos', *leño* 'trozo de árbol después de cortado y limpio de ramas', *labio* 'órgano del hablar', *cribo* 'cuero ordenadamente agujereado y fijo en un aro de madera, que sirve para cribar', *costurero* 'caja, canastilla para guardar los útiles de costura', *chiflo* 'especie de silbato', *brazo* 'miembro del cuerpo, que comprende desde el hombro hasta la extremidad de la mano', *gubilete* 'recipiente del cocinero o pastelero', *puchero* 'vasija de barro u otros materiales, que se emplea habitualmente para cocinar', *pomo* 'frasco o vaso pequeño de vidrio, cristal, porcelana o metal, que sirve para contener y conservar los licores y confecciones olorosas', *arado* 'instrumento de agricultura que movido por fuerza animal o mecánica sirve para labrar la tierra abriendo surcos en ella', *birlo* 'trozo de palo labrado con que se practican determinados juegos', *peso* 'conjunto de pesas que se necesitan para equilibrar en la balanza un cuerpo determinado', *piso* 'suela del calzado', *marco* 'herramienta destinada a señalar los árboles', *bombo* 'tambor muy grande', etc.

E) 'Resultado, efecto o actividad de un instrumento u órgano':

barreno 'agujero que se hace con la barrena', *reguero* 'corriente, a modo de chorro o de arroyo pequeño, que se hace de un líquido', *peso* 'acción que las cosas ejercen sobre lo que las sostiene', *escalo* 'acción de escalar', *ruedo* 'acción de rodar', *palmo* 'distancia que va desde el extremo del pulgar hasta el meñique, estando la mano extendida y abierta', *rastro* 'señal o huella que queda de algo', *chupo* 'acción de chupar' (Can.), *fajo* 'haz o atajo', *lío* 'porción de ropa o de otras cosas atadas', *ánimo* 'valor, esfuerzo, energía', etc.

F) 'Actividad, que produce un determinado resultado':

pago 'entrega de un dinero o especie que se debe', *cuento* 'cómputo, cálculo', *degüello* 'acción de degollar', *quemado* 'acción de quemar', *precinto* 'acción de precintar', *lavado* 'acción de lavar', *frenado* 'acción de frenar', *contrato* 'pacto o convenio, oral o escrito, entre partes que se obligan sobre materia o cosa determinada, y a cuyo cumplimiento pueden ser compelidas', *fallo* 'acción y efecto de salir fallido algo', *trazo* 'delineación con que se forma el diseño o planta de cualquier cosa', etc.

G) 'Resultado o efecto de la actividad':

resto 'parte que queda de un todo', *monto* 'suma de varias partidas', *mareo* 'efecto de marearse', *grano* 'semilla y fruto de las mieses, como el trigo, la cebada, etc.', *estado* 'situación en que se encuentra alguien o algo', *rozo* 'terreno que se ha rozado', *pujo* 'gana continua o frecuente de defecar o de orinar, con gran dificultad de lograrlo y acompañada de dolores', *calado* 'labor hecha con aguja en alguna tela o tejido', *pasado* 'tiempo que pasó', 'cosas que sucedieron en él', *crío* 'niño o animal mientras se está criando', *rebajo* 'parte del canto de un madero u otra cosa, donde se ha disminuido el espesor por medio de un corte a modo de ranura o de espera', *cosmético* 'producto que se utiliza para higiene o belleza del cuerpo', etc.

H) 'Lugar o ámbito espacial, en que se realizan actividades, se ubican cosas, etc.':

puesto 'sitio o espacio que ocupa alguien o algo', *piso* 'pavimento natural o artificial de las habitaciones, calles, caminos, etc.', *gimnasio* 'lugar destinado a ejercicios gimnásticos', *estudio* 'lugar de trabajo de un artista o profesional liberal', *estanco* 'sitio o tienda donde se venden géneros estancados, y especialmente sellos, tabaco y cerillas', *codo* 'parte posterior y prominente de la articulación del brazo con el antebrazo', *huello* 'sitio o terreno que se pisa', *hacho* 'sitio elevado cerca de la costa desde donde se descubre bien el mar y en el cual solían hacerse señales con fuego' (geogr.).

I) 'Cosa que se elabora en un determinado lugar':

el editorial 'artículo de fondo de la editorial'.

J) 'Tiempo, durante el cual se realiza una actividad o en que se ubica un acontecimiento':

minuto 'tiempo que equivale a 60 segundos'.

K) 'Materia, que se puede usar en la elaboración de algún producto u obra':

zamarro 'piel de cordero', *guayabo* 'fruto del guayabero' (Can.), *chamarro* 'tela basta y gruesa que se emplea para hacer sacos o para tender en el suelo' (El Salv.), *acemite* 'afrecho con alguna corta porción de harina', *cabrito* 'cría de la cabra', *banano* 'variedad de plátano', *baleo* 'planta recia y áspera que se emplea para hacer escobas' (Esp. occid.), *garbanzo* 'semilla de la planta del mismo nombre', *terrazo* 'pavimento formado por chinas o trozos de mármol aglomerados con cemento y cuya superficie se pulimenta, etc.

L) 'Producto que se elabora con una determinada materia':

felpo 'estera gruesa y afelpada que se emplea principalmente en la entrada de las casas a modo de limpiabarros'.

M) 'Denominación genérica de la realidad designada', frente a la denominación específica o determinada:

bando 'facción, partido, parcialidad', *macho* 'animal de sexo masculino', *ganso* 'ave palmípeda del orden de las anseriformes', *costo* 'cantidad que se da o se paga por algo', *cobijo* 'refugio, lugar en el que alguien o algo está protegido de la intemperie u otras cosas', 'amparo, protección', *capítulo* 'división que se hace en los libros o en cualquier otro escrito para el mejor orden y más fácil inteligencia de la materia', *capazo* 'espuerta grande de esparto o de palma', *bicho* 'animal, ser orgánico', *miembro* 'individuo que forma parte de un conjunto, comunidad o cuerpo moral', *zorro* 'especie de mamífero cánido', *potro* 'caballo desde que nace hasta que muda los dientes de leche, que generalmente es a los cuatro años y medio', *perro* 'mamífero doméstico de la familia de los cánidos', *pájaro* 'ave, especialmente si es pequeña', *ovejo* 'mamífero ovino', *oso* 'mamífero carnívoro plantígrado', *niño* 'persona de pocos años', *mulo* 'hijo de caballo y burra o de asno y yegua, casi siempre estéril', *mozo* 'persona que está en la juventud', *moro* 'persona natural del África Septentrional', *machorro* 'animal estéril', *lobo* 'especie de mamífero carnicero', *lagarto* 'reptil terrestre del orden de los saurios', *hijo* 'persona o animal respecto de su padre o de su madre', *gato* 'mamífero carnívoro de la familia de los félidos', *diablo* 'príncipe de los ángeles rebelados contra Dios que representa el espíritu del mal', *crío* 'niño que se está criando', *cochero* 'persona que conduce un coche, normalmente de caballos', *costurero* 'persona que hace prendas de vestir', *cordero* 'hijo de la oveja, que no pasa de un año', *cochino* 'cerdo, mamífero artiodáctilo', *chivo* 'cría de la cabra, desde que deja de mamar hasta que llega a la edad de procrear', *chacarero* 'dueño de una chácara', *cerdo* 'mamífero artiodáctilo del grupo de los suidos', *camello* 'especie de artiodáctilo rumiante', *burro* 'asno, animal solípedo', *borrego* 'cordero de uno a dos años', *becerro* 'cría de la vaca hasta que cumple uno o dos años o poco más', *asno* 'especie de animal solípedo', *amigo* 'persona que tiene amistad', *anciano* 'persona de mucha edad', *abogado* 'licenciado o doctor en derecho', *abuelo* 'respecto de una persona, padre o madre de su padre o de su madre', *tubo* 'pieza hueca, de forma por lo común cilíndrica y generalmente abierta por ambos extremos', *trozo* 'parte de algo que se considera separado del resto', *sayo* 'prenda de vestir holgada y sin botones que cubría el cuerpo hasta la rodilla', *puerto* 'lugar de entrada o salida en la costa y en paso de montañas', *portillo* 'abertura en una muralla, pared o tapia', 'postigo o puerta chica en otra mayor', 'camino angosto entre dos alturas', 'paso o entrada que se abre en un muro o vallado', *plano* 'superficie plana', *mortero* 'utensilio de madera, piedra o metal, a manera de vaso, que sirve para machacar en él especias, semillas, drogas, etc.', *moño* 'rodete que se hace con el cabello para tenerlo recogido o por adorno', *molino* 'máquina para moler', *hacho* 'manojo de paja o esparto encendido para alumbrar', 'leño resinoso o bañado en materias resinosas, que se usaba para el mismo fin', *grito* 'voz muy esforzada y levantada', *grado* 'peldaño', *gorro* 'pieza redonda de tela o de punto, para abrigar la cabeza', *palio* 'manto cobertor', *sombrero* 'prenda compuesta de copa y alas, que sirve para cubrir la cabeza', *corchete* 'especie de broche compuesto de macho y hembra', *helecho* 'planta criptógama, de la clase de las filicíneas', *frasco* 'vaso de cuello recogido, hecho de vidrio u otra materia, que sirve para contener líquidos, sustancias en polvo, comprimidos, etc.', *pescado* 'pez comestible sacado del agua por cualquiera de los procedimientos de pesca', *foso* 'hoyo', *cincho* 'faja ancha, de cuero o de otra materia, con que se suele ceñir y abrigar el estómago', *chanclo* 'especie de sandalia de madera o suela gruesa', *cerco* 'aquello que ciñe o rodea', *cacharro* 'vasija tosca', *el orden* 'colocación de las cosas en el lugar que les corresponde', 'regla, modo que se observa para hacer las cosas', *bicho* 'animal, ser orgánico', *corcho* 'tejido vegetal constituido por células en la que la celulosa de su membrana ha sufrido una transformación química y ha quedado convertida en suberina', *lote* cada una de las partes en que se divide un todo que se ha de distribuir entre varias personas', *botijo* 'vasija de barro poroso, que se usa para refrescar el agua', *barco* 'construcción cóncava de madera, hierro u otra materia, capaz de flotar en el agua y que sirve de medio de transporte', *banco* 'asiento, con respaldo o sin él, en que pueden sentarse varias personas', *bacalao* 'pez teleósteo, anacanto', *birrete* 'bonete', *caño* 'tubo corto', etc.

N) 'Persona o animal macho'. Es sentido que se da en la inmensa mayoría de los casos conjuntamente con el sentido genérico:

burro 'asno macho', *camello* 'especie de artiodáctilo rumiante macho', *perro* 'mamífero doméstico de la familia de los cánidos macho', etc. En otros casos, sin embargo, se da solo, bien porque se trata de denominación propia del macho (v. gr., *caballo*, *toro*...), bien porque la profesión o actividad designada es o ha sido tradicionalmente propia de varones (v. gr., *caballerizo*, *almirante*...), bien porque la forma masculina se ha constituido a partir de la forma femenina, designativa de persona o animal hembra o forma plena: v. gr., *azafato* 'azafata varón', *rano* 'rana macho', *palomo* 'paloma macho', *cigüeño* 'cigüeña macho', *vaco* 'vaca macho', *ovejo* 'oveja macho', *cabro* 'cabra macho', *calandro* 'calandra macho' (Can.), *hembro* 'novio', 'amante' (Can.), etc., etc.

¿Por qué puede el masculino del nombre, la forma genérica que presenta la sustancia casi en grado cero, entenderse en el sentido específico de macho? Pues simplemente porque el hablante percibe el elemento macho o varón como el elemento menos caracterizado de la especie, el menos relevante o destacado, el que se encuentra más cerca de la base nominal. Digamos que el elemento macho o varón es lo menos que se despacha en el mundo de las especies animales.

Ñ) 'Ente sin discriminar, con más constituyentes que los que lo definen propiamente':

cuchillo 'instrumento para cortar formado por una hoja de metal de un corte solo y con mango', *chamizo* 'choza cubierta de chamiza', *capazo* 'espuerta grande de esparto o de palma', *bordo* 'lado o costado exterior de la nave', *partido* 'en ciertos juegos, competencia concertada entre jugadores', *el mar* 'masa de agua salada', *guijo* 'conjunto de guijas', etc.

O) 'Porción o parte determinada de un elemento pleno':

tejo 'pedazo pequeño de teja o cosa semejante, que se utiliza en diversos juegos', *cejo* 'ceño o sobrecejo' (ant.), *el mar* 'cada una de las partes en que se considera dividida la mar', *huerto* 'terreno de corta extensión, generalmente cercado de pared, en que se plantan verduras, legumbres y a veces árboles frutales', etc.

P) 'Unidad básica o materia primaria de cuantificación, en cualquiera de sus modalidades':

pesuño 'cada uno de los dedos, cubierto con su uña, de los animales de pata hendida', *velo* 'cortina o tela que cubre algo', *tuno* 'estudiante que forma parte de un conjunto musical', *pito* 'sonido muy agudo', *boleto* 'billete para ocupar asiento o viajar', 'papeleta impresa con que se participa en algunos juegos de azar', *silbo* 'sonido agudo que resulta de hacer pasar con fuerza el aire por la boca con los labios fruncidos y con los dedos colocados en ella convenientemente', *ramo* 'rama de segundo orden que sale de la rama madre', *quinto* 'mozo desde que se sortea hasta que se incorpora al servicio militar', *pimiento* 'fruto comestible de la planta llamada igualmente', *marino* 'hombre que tiene un grado militar o profesional en la marina', *macollo* 'cada uno de los brotes de un pie vegetal' (Méx.), *fruto* 'producto de las plantas, que, aparte de la utilidad que pueda tener, sirve para desarrollar y proteger la semilla', *leño* 'trozo de árbol después de cortado y limpio de ramas', 'parte sólida de los árboles bajo la corteza', *huevo* 'cuerpo que contiene el germen del embrión y las sustancias destinadas a su nutrición durante la incubación', *grito* 'voz muy esforzada y levantada', *grano* 'semilla pequeña de varias plantas', *grado* 'peldaño', *giro* 'acción y efecto de girar', *pimiento* 'fruto de la planta del mismo nombre', *familio* 'niño pequeño' (Can.), *cuerno* 'prolongación ósea cubierta por una capa epidérmica o por una vaina dura y consistente, que tienen algunos animales en la región frontal', *crío* 'niño que se está criando', *chamizo* 'leño medio quemado', *cango* 'yugo para una bestia de tiro' (Can.), *caballerizo* 'hombre que tiene a su cargo el gobierno y cuidado de la caballeriza y de quienes sirven en ella', *boñigo* 'cada una de las porciones o piezas del excremento del ganado vacuno', *bago* 'cada uno de los frutos que con otros iguales forman un racimo' (Can.), *banco* 'asiento, con respaldo o sin él, en que pueden sentarse varias personas', *berro* 'especie de planta de la familia de las crucíferas', *cebo* 'comida que se da a los animales para alimentarlos, engordarlos o atraerlos', *balandro* 'balandra pequeña', *jarro* 'vasija de barro, loza, vidrio o metal, a manera de jarro y con solo un asa', *ventano* 'ventana pequeña', *trompo* 'peón, juguete que se hace bailar', *zapato* 'calzado que no pasa del tobillo', *punto* 'término final absoluto de la dimensión', *olmo* 'árbol de la familia de las ulmáceas', *mino* 'manantial en pared rocosa', *hacho* 'manojo de paja o esparto encendido para alumbrar', 'leño resinoso o bañado en materias resinosas, que se usaba para el mismo fin', *machero* 'planta de alcornoque', *hacho* 'hacha pequeña de cortar', *garbanzo* 'semilla de la planta de este nombre', *erizo* 'equinodermo marino', *chozo* 'choza pequeña', *charco* 'agua u otro líquido, detenida en un hoyo o cavidad de la tierra o del piso', *cavo* 'huronera o madriguera', *carrazo* 'racimo pequeño, principalmente de uvas' (Ar.), *caño* 'tubo corto, particularmente el que forma, junto con otros, las tuberías', *campano* 'cencerro', 'esquila, campana pequeña de los conventos y otras casas', *caldero* 'caldera pequeña de suelo casi semiesférico, y con asa sujeta a dos argollas en la boca', *calabazo* 'calabacín', *bombillo* 'bomba pequeña, generalmente portátil, que se destina a varios usos y principalmente a extinguir incendios', *boleto* 'billete para ocupar asiento o para viajar', *corte* 'acción y efecto de cortar', *bielgo* 'instrumento para beldar', *bando* 'facción, partido, parcialidad', *anillo* 'aro pequeño', *anguilo* 'congrio pequeño' (Cant.), *talego* 'saco largo y estrecho, de lienzo basto o de lona, que sirve para guardar o llevar algo', *mortero* 'utensilio de madera, piedra o metal, a manera de vaso, que sirve para machacar en él especias, semillas, drogas, etc.', *cuchillo* 'instrumento para cortar formado por una hoja de metal de un corte solo y con mango', *cubo* 'recipiente de madera, metal u otra materia, por lo común de forma de cono truncado, con asa en la circunferencia mayor, que es la de encima, y fondo en la menor', *cesto* 'cesta grande y más alta que ancha, formada a veces con mimbres, tiras de caña y varas de sauce sin pulir', *canasto* 'canasta de boca estrecha', *gesto* 'acto o hecho', *cacharro* 'vasija tosca', *boto* 'cuero pequeño, para echar vino, aceite u otro líquido', *bollo* 'pieza esponjosa hecha con masa de harina y agua, cocida al horno', *lindero* 'linde de los terrenos', *madero* 'pieza larga de madera, escuadrada o rolliza', *riso* 'risa apacible' (Murc. y Ar.), *comedero* 'acción de comer', *mampuesto* 'piedra sin labrar que se puede colocar en obra con la mano', *bajo* 'en los mares, ríos y lagos navegables, elevación del fondo que impide flotar a las embarcaciones', *farol* 'caja de vidrio u otra materia transparente dentro de la cual se pone una luz', *el calor* 'sensación que se produce ante una elevación de la temperatura', *el fin* 'término de algo', *el policía* 'miembro del cuerpo encargado de velar por el mantenimiento del orden público', *el guardia* 'miembro del cuerpo encargado de las funciones de vigilancia o defensa', *pizco* 'porción mínima que se toma de algo', *el canalla* 'persona despreciable y de malos procederes', *consejo* 'parecer o dictamen que se da o toma para hacer o no hacer algo', 'órgano colegiado que dirige o administra un organismo', *cartel* 'lámina de papel u otra materia en que hay inscripciones o figuras y que se exhibe con fines noticieros, de publicidad, etc.', *chanclo* 'especie de sandalia de madera o suela gruesa', *barranco* 'quiebra profunda en la tierra, por las corrientes de agua u otras causas', *orillo* 'orilla del paño o tejido en piezas, por lo regular en un hilo más basto o de uno o más colores', *pozo* 'perforación que se hace en la tierra, para buscar una vena de agua', 'hoyo profundo, aunque esté seco', *peloto* 'pelota deforme de alguna materia', *palabro* 'palabrota', *cabro* 'despectivo de cabra' (Can.), 'cabra macho', *pellico* 'zamarra de pastor', *burgao* 'especie de pequeño caracol marino', *el puente* 'construcción sobre ríos, fosos, etc., para pasar de un lado a otro', etc.

Cuando la variante femenina existe antes que la variante masculina y esta se entiende como derivada de aquella, entonces la forma genérica que consideramos suele adquirir tres sentidos distintos:

a) 'Individuo pequeño o cría de la persona, animal o cosa plena denotado por el femenino':

ventano 'ventana pequeña', *golondrino* 'pollo de la golondrina', *guitarro* 'guitarra pequeña', *campano* 'campana pequeña', *balandro* 'balandra pequeña', *chuchango* 'chuchanga pequeña' (Can.), *chozo* 'choza pequeña', *palomo* 'pichón' (And.), *coso* 'cosa pequeña e indeterminada' (Sant.), etc.

b) 'Despectivo de la persona, animal o cosa plena denotada por el femenino':

palabro 'palabra mal dicha o estrambótica', 'palabrota', *cabro* 'despectivo de cabra' (Can.), *orillo* 'orilla de paño o tejido en piezas, hecho, por lo regular, en un hilo más basto y de colores', *peloto* 'pelota mal hecha' (Can.), *jaco* 'caballo pequeño y ruin', *perro* 'despectivo de perra, dinero' (Can.), *testo* 'despectivo de testa, cabeza' (Can.), *vejigo* 'vejiga enconada, forúnculo' (Can.), etc.

c) 'Individuo grande de la especie designada por el femenino':

culebro 'culebra, en sentido aumentativo' (Sant.).

d) 'Especie distinta de la designada por el femenino, aunque parecida a ella':

langosto 'saltamontes' (Extr.), *mosco* 'mosquito', *calabazo* 'calabacín', *papayo* 'especie de papaya, de tamaño más pequeño que este' (Can.), etc. Aunque se trata de especies distintas de las designadas por la variante femenina, en realidad, el pueblo parece percibirlas como individuos pequeños de la misma especie.

Todos estos sentidos se encuentran ideológicamente relacionados, como vio Cuervo en el párrafo que sigue: "Lo propio debe de haber sucedido con nuestro *–o*, supuesto que por medio de él se forman diminutivos, generalmente despectivos y como significantes de una degeneración o semejanza caricaturesca, v. gr., *guitarro*, guitarra muy pequeña; *jaco*, caballo diminutivo y ruin, sacado de *jaca*; *hacho*, hacha formada de paja o esparto encendido para alumbrar; *tejo*, pedazo de teja; *cabezo* y *morro*, cerro alto, peñasco escarpado, de *cabeza* y *morra*; *ribero*, ribera artificial de estacas, cascajo y céspedes para contener el agua de las presas. Siguiendo la misma analogía, de *mecha* decimos *mecho* los bogotanos a un candilejo improvisado o a un menguado cabo de vela" (Cuervo 1954: 42-43). Planteado el asunto desde el punto de vista de la significación invariante, más que *degeneración* o *semejanza caricaturesca*, se trata de *reducción* de la sustancia a lo esencial, que es lo que determina esos matices de *degeneración* o *semejanza caricaturesca*.

3.2 El campo de usos del femenino

Por otro lado, el hecho de que el femenino presente la sustancia del nombre que acompaña orientada o proyectada hacia fuera, expandiéndose o alejándose de la base, hace que la persona, animal o cosa designada por él se interprete siempre como elemento relacionado de forma más o menos directa con lo designado por el masculino, como término de una relación. Según la naturaleza de la persona, animal o cosa designado y los contextos de uso, esta forma gramatical suele entenderse en los sentidos siguientes:

A) Cuando el masculino correspondiente se entiende como agente, entonces nuestra forma gramatical suele designar cosas que tienen relación con él, entre las que se encuentran las siguientes:

a) 'Acción, comportamiento, actividad, especialidad, etc., del agente':

química 'ciencia que estudia la estructura, propiedades y transformaciones de la materia a partir de su composición atómica', *perra* 'rabieta de niño', 'tema, obstinación, porfía', *óptica* 'técnica de fabricar lentes y otros instrumentos para mejorar la visión', *música* 'arte de combinar los sonidos de la voz humana o de los instrumentos, o de unos y otros a la vez, de suerte que produzcan deleite, conmoviendo la sensibilidad, ya sea alegre, ya tristemente', *mecánica* 'parte de la física que trata del equilibrio y del movimiento de los cuerpos sometidos a cualquier fuerza', 'técnica del manejo y arreglo de las máquinas', *marina* 'arte o profesión que enseña a navegar o a gobernar las embarcaciones', *malagueña* 'aire popular propio y característico de la provincia de Málaga', *granadina* 'variedad de cante andaluz, especialmente de Granada', *guía* 'acción de guiar la cuadrilla de danzantes' (Can.), *gramática* 'ciencia que estudia los elementos de una lengua y sus combinaciones', *doctrina* 'enseñanza que se da para instrucción de alguien', *cultura* 'conjunto de modos de vida y costumbres, conocimiento y grado de desarrollo artístico, científico, industrial, en una época, grupo social, etc.', *coña* 'guasa, burla disimulada', *zorra* 'ojeriza' (Ecuad.), *adivina* 'adivinanza, acertijo' (Can.), *retirada* 'acción y efecto de retirarse', *calesera* 'cante popular andaluz que solían entonar los caleseros', *manda* 'legado de un testamento', 'testamento de última voluntad', *enemiga* 'enemistad, odio, oposición, mala voluntad', 'maldad, vileza' (ant.), *cátedra* 'empleo y ejercicio del cátedro o catedrático', etc.

También parecen pertenecer a este apartado los femeninos de expresiones hechas como *pulpo a la gallega*, *calamares a la romana*, *arroz a la valencia-*

na, *correrla*, *dárselas* a alguien *con queso* 'engañarlo, burlarse de él', *a pies juntillas* 'con los pies juntos', *a tontas y a locas* 'desbaratadamente, sin orden ni concierto', *a la diabla* 'dicho de hacer algo, sin esmero, mal', *a gatas* 'dicho de ponerse a andar una persona, con pies y manos en el suelo, como los gatos y demás cuadrúpedos', *a trancas y barrancas* pasando sobre todos los obstáculos', etc. El femenino que nos ocupa no es, pues, mera fijación semánticamente inmotivada de este sufijo, como suele creerse habitualmente, sino un hecho determinado concretamente por su particular significación idiomática. El protagonista no es aquí el agente, el elemento que designa el masculino. De ahí que no se diga **pulpo al gallego*, **correrlo*, **a gatos*, **al diablo*.... Se trata más concretamente de alusiones a actividades del agente, a cosas que derivan del agente. Por eso se emplea la variante femenina.

b) 'Instrumento que utiliza el agente en la realización de su actividad habitual':

pistola 'arma que usa el pistolo', *manguera* 'manga de las bocas de riego, que usa el manguero para apagar el fuego', *espada* 'instrumento que maneja el espada', *corneta* 'instrumento que usa el corneta', *flauta* 'instrumento que toca el flauta', *trompeta* 'instrumento que toca el trompeta', *licuadora* 'aparato eléctrico para licuar frutos y otros alimentos', etc.

c) 'Cosa perteneciente de forma inalienable al agente':

caracola 'concha de un caracol marino de gran tamaño', *cerda* 'pelo recio del cerdo', *barba* 'apéndice del barbo, pelo que nace debajo de la boca y de los carrillos', *chiva* 'porción de pelo en la barba del chivo', etc.

d) 'Cosa que posee el agente':

chacarera 'alquería o granja propiedad del chacarero'.

e) 'Prenda que viste o usa el agente':

calesera 'chaqueta con adornos, a estilo de la que usan los caleseros andaluces', *graciosera* 'camisa típica de la gente de la isla de La Graciosa (Canarias)' (Can.), *bilbaína* 'boina que usan los vascos', *americana* 'chaqueta de tela, con solapas y botones, que llega por debajo de la chaqueta', etc.

f) 'Cosa que sobrelleva el agente':

carga 'obligación aneja a un estado, empleo u oficio', es decir, el *cargo*.

g) 'Cosa que se paga o se entrega al agente':

soldada 'haber del soldado', 'sueldo, salario, estipendio'.

h) 'Enfermedad que padece el agente':

cerda 'tumor carbuncoso que se le forma al cerdo en las partes delanteras del cuello'.

i) 'Lugar donde trabaja o ejerce su actividad o función el agente':

chacarera 'lugar donde trabaja el chacarero', *óptica* 'establecimiento donde se comercia con instrumentos de óptica', *caballeriza* 'sitio o lugar cubierto destinado para estancia de los caballos y bestias de carga', *azucarera* 'fábrica en que se extrae y elabora el azúcar', *editora* 'empresa que edita', *cantera* 'sitio de donde se saca piedra, greda u otra sustancia análoga para obras varias', *constructora* 'empresa en que trabaja el constructor', *tertulia* 'lugar donde se reúnen las personas a conversar', etc.

j) 'Lugar donde vive el agente':

isla 'lugar donde vive el islo' (J. A. Alemán, *La quimera del islo*), etc.

B) Cuando el término masculino correspondiente designa planta, entonces la significación invariante 'orientación o proyección centrífuga de la sustancia' del femenino se entiende como 'fruto', 'flor', 'materia', etc., que produce esa planta:

pimienta 'fruto del pimiento', *tila* 'flor del tilo', *papaya* 'fruto del papayo', *oliva* 'fruto del olivo, aceituna', *quina* 'corteza del quino', *naranja* 'fruto del naranjo', *manzana* 'fruto del manzano', *quisca* 'cada una de las espinas del quisco' (Chile), *guinda* 'fruto del guindo', *guayaba* 'fruto del guayabo', *granada* 'fruto del granado', *espina* 'púa que nace del tejido leñoso o vascular de algunas plantas', *gavanza* 'flor del gavanzo', *cereza* 'fruto del cerezo', *algarroba* 'fruto del algarrobo', *mata* 'rama del mato', *pámpana* 'hoja de la vid', *almáciga* 'resina que se extrae del almácigo', etc.

C) Cuando el término masculino correspondiente designa 'fruto', entonces la significación invariante del femenino puede entenderse como 'árbol o planta que produce ese fruto':

tuna 'planta cactácea que produce tunos' (And. y Col.), *guayaba* 'planta que produce guayabos' (Can.).

D) Cuando el término masculino correspondiente se entiende como instrumento, entonces la 'orientación o proyección centrífuga de la sustancia' de *–a* puede adquirir, entre otros menos frecuentes, los siguientes sentidos:

a) 'Acción que se realiza con ese instrumento':

trilla 'acción y efecto de trillar, es decir, lo que se hace con el trillo', *torna* 'acción de tornar, es decir, lo que se hace con el torno', *pita* 'expresión de desaprobación mediante pitos y silbidos', *pica* 'acción de inutilizar el racimo de plátanos para la importación, con el pico' (Can.), *oída* 'acción y efecto de oír, es decir, lo que se hace con el oído', *leña* 'castigo, paliza, que se da con un leño', *criba* 'acción de cribar, es decir, lo que se realiza con el cribo', *chifla* 'acción y efecto de chiflar, es decir, lo que se hace con el chiflo', *braza* 'distancia media entre los dedos pulgares del hombre, extendidos horizontalmente los brazos, que se usa como medida de longitud en la marina', *arada* 'acción de arar, es decir, operación que se realiza con el arado', *pesa* 'acción de pesar, es decir, lo que se hace con el peso', *pisa* 'acción de pisar', *marca* 'acción de marcar', etc.

b) 'Cosa o producto que se elabora con el instrumento':

puchera 'vianda elaborada a base de carne, tocino, legumbres y hortalizas, es decir, comida que hace en el puchero'.

c) 'Juego que se practica con el instrumento':

birla 'juego de la tala, que se practica con un birlo' (Cantb.).

d) 'Agente que emplea el instrumento':

costurera 'mujer que tiene por oficio coser, o cortar y coser, ropa blanca y algunas prendas de vestir'.

e) 'Lugar donde se pone el instrumento':

gubileta 'caja o vaso grande en que se metían los gubiletes', *poma* 'cajita en que se lleva el pomo para perfumes', etc.

E) Cuando la forma masculina correspondiente denota actividad, acción o potencia, la significación 'orientación o proyección centrífuga de la sustancia' de *–a* determina que la variante femenina del nombre pueda entenderse en los siguientes sentidos:

a) 'Resultado de esa actividad':

paga 'cantidad de dinero que se da en pago', 'sueldo', *cuenta* 'pliego o papel en que está escrita alguna razón compuesta de varias partidas, que al fin se suman o restan', *degüella* 'pena de degüello que se imponía al ganado por entrar en cotos vedados', *quemada* 'parte del monte quemado', 'quemadura' (Can., Cuba y Méx.), *lavada* 'efecto de lavar', *frenada* 'frenazo' (Am. y Can.), *contrata* 'escritura o simple obligación firmada con que las partes aseguran los contratos que han hecho', *falla* 'defecto material de una cosa que merma su resistencia', *traza* 'diseño que se hace para la fabricación de un edificio o de otra obra', etc.

b) 'Instrumento u órgano de esa actividad':

escala 'escalera de mano, hecha de madera, de cuerda o de ambas cosas', *faja* 'tira para formar el fajo', *ánima* 'principio que da forma y organiza el dinamismo vegetativo, sensitivo e intelectual de la vida'. Como señala E. Dolet, "*anima* es el órgano de *animus*; como si quisiera decir que la fuerza e instrumentos vitales son el origen del espíritu; y que este espíritu es un efecto de la dicha fuerza vital" (Dolet 1540: 125).

F) Cuando la forma masculina correspondiente denota resultado o efecto de una actividad, entonces la significación invariante 'orientación o proyección centrífuga de la sustancia' de *–a* hace que el derivado femenino pueda entenderse en dos sentidos distintos:

a) Actividad que produce el mencionado resultado:

resta 'operación de restar', *monta* 'acción y efecto de montar', *marea* 'movimiento periódico y alternativo de ascenso y descenso de las aguas del mar', *grana* 'acción y efecto de granar', *cría* 'acción de criar', *estada* 'permanencia, detención o demora en un lugar', *roza* 'acción y efecto de rozar', *puja* 'acción de pujar', *calada* 'acción de calar', *pasada* 'acción de pasar', *rebaja* 'acción y efecto de rebajar', *cosmética* 'arte de aplicar productos cosméticos', etc.

b) 'Instrumento que produce el mencionado resultado':

barrena 'instrumento de acero con una rosca en espiral en punta, y una manija en el extremo opuesto, que sirve para taladrar o hacer agujeros en madera, metal, piedra u otro cuerpo duro', *reguera* 'canal que se hace en tierra a fin de conducir el agua para el riego', *pesa* 'pieza metálica que se usa como término de comparación para determinar el peso de un cuerpo', *palma* 'parte inferior y algo cóncava de la mano desde la muñeca hasta los dedos', *rastra* 'rastrillo', *chupa* 'objeto con una parte de goma o materia similar en forma de pezón que se da a los niños para que chupen' (Can.), *lía* 'soga de esparto machacado, tejido como trenza, para atar o asegurar los fardos, cargas y otras cosas', etc.

G) Cuando la forma masculina correspondiente denota ámbito o lugar, entonces la significación invariante 'orientación o proyección centrífuga de la sustancia' de *–a* se entiende en uno de los sentidos siguientes:

a) 'Cosa que se pone en dicho lugar':

puesta 'en algunos juegos de naipes, cantidad que pone la persona que pierde, para que se dispute en la mano o manos siguientes', 'conjunto de huevos que pone un ave', *coda* 'prisma pequeño triangular, de madera, que se encola en el codo o ángulo entrante formado por la unión de dos tablas, para que esté más seguro', *hacha* 'mecha que se hace de esparto alquitrán para que resista al viento sin apagarlo, y que se pone en el hacho', *huella* 'señal que deja el pie del hombre o del animal en la tierra por donde pasa o huello'.

b) 'Acción que se realiza en dicho lugar':

pisa 'acción de pisar', *gimnasia* 'arte de desarrollar, fortalecer y dar flexibilidad al cuerpo por medio de ciertos ejercicios', *estanco* 'acción de estancar'.

c) 'Agente que realiza su actividad en el mencionado lugar':

costurera 'mujer que tiene por oficio coser, o cortar y coser, ropa blanca y algunas prendas de vestir'.

H) Cuando la forma masculina correspondiente denota tiempo, entonces la significación invariante 'orientación o proyección centrífuga de la sustancia' de *–a* hace que la variante femenina se pueda entender como 'cosa que se hace, cobra, etc., en ese tiempo:

minuta 'extracto o borrador que se hace de un contrato u otra cosa, anotando las cláusulas o partes esenciales, para copiarlo después y extenderlo con todas las formalidades necesarias para su perfección'.

I) Cuando la forma masculina correspondiente denota materia, entonces la mencionada significación invariante 'orientación o proyección centrífuga de la sustancia' de *–a* hace que la variante femenina se entienda como 'producto que se elabora con esa materia':

zamarra 'prenda de vestir, rústica, hecha de piel con su lana o pelo', *guayaba* 'conserva o jalea que se hace con el guayabo', *chamarra* 'vestidura de jerga o paño burdo, parecida a la zamarra', *acemita* 'pan que se elabora con acemite', *cabrita* 'piel del cabrito adobada' (ant.), *banana* 'nombre de una variedad de confites' (Col.), *balea* 'escoba para barrer las eras', *garbanzas* 'comida compuesta a base de garbanzos' (Can.), *corcha* 'colmena hecha de corcho', *terraza* 'sitio abierto de una casa desde el cual se puede explayar la vista, que se cubre generalmente con terrazo'.

J) Cuando la variante masculina designa cosa elaborada con algo, el femenino se entiende como materia con que se elabora esa cosa: v. gr.,

felpa 'tejido de seda, algodón, etc., que tiene pelo por el haz'.

K) Cuando la variante masculina correspondiente se interpreta como nombre de especie, entonces la significación invariante 'orientación o proyección centrífuga de la sustancia' de *–a* hace que la variante femenina pueda entenderse en uno de los sentidos siguientes:

a) 'Individuo de la especie denotada por el masculino habilitado para desempeñar una función particular'. La adaptación del referente de partida a una determinada función suele implicar cambios en la estructura morfológica de este. De ahí que, en la variante semántica que nos ocupa, por lo general, la cosa designada por la variante femenina no solamente se diferencia de la cosa designada por el masculino en la función, sino también en la forma, en el tamaño, etc.:

anilla 'cada uno de los anillos que sirven para colocar colgaduras o cortinas, de modo que puedan correrse y descorrerse fácilmente', *cobija* 'teja que se pone con la parte cóncava hacia abajo, abrazando sus lados dos canales de tejado, 'mantilla corta que usan las mujeres en algunas provincias, para abrigarse la cabeza', 'cada una de las plumas pequeñas que cubren el arranque de las penas del ave', 'cubierta para tapar o resguardar algo', 'ropa de cama y especialmente la de abrigo' (And. y Am.), 'manta para abrigarse' (Am. y Can.), 'cubierta de yagua y guano de las casas de campo' (Cuba), 'poncho, prenda de vestir' (Ven.), *mortera* 'mortero para comer o llevar la comida', *capaza* 'sera redonda para prensar aceituna' (Ar. y Mur.), *tuba* 'especie de bugle, cuya tesitura corresponde a la del contrabajo', *puerta* 'vano de forma regular abierto en una pared, una cerca, una verja, etc., desde el suelo hasta una altura conveniente, para poder entrar y salir por él', *portilla* 'paso en los cerramientos de las fincas rústicas, para carros, ganados o peatones, que tiene a veces barreras o bances con que se intercepta el tráfico', 'cada una de las aberturas pequeñas y de forma varia que se hacen en los costados de los buques, las cuales, cerradas con un cristal grueso, sirven para dar claridad y ventilación a pañoles, alojamientos, etc.', *plana* 'llana del albañil', *frasca* 'frasco de vidrio transparente, con base cuadrangular y cuello bajo, destinado a contener vino', *fosa* 'hoyo en la tierra para enterrar uno o más cadáveres', *cincha* 'faja de cáñamo, lana, cerda, cuero o esparto, con que se asegura la silla o albarda sobre la cabalgadura, ciñéndola ya por detrás de los codillos o ya por debajo de la barriga y apretándola con una o más hebillas', *cacharra* 'pequeña palangana de aluminio que se emplea para servir alimentos' (Can.), *corcha* 'corcho arrancado del alcornoque y en disposición de labrarse', *barca* 'embarcación pequeña para pescar o para traficar en las costas del mar o para atravesar los ríos', *la orden* 'mandato que se debe obedecer, observar y ejecutar', etc.

b) 'Individuo de la especie denotada por el masculino, que tiene un determinado comportamiento o que actúa de una determinada manera':

banda 'grupo de gente armada', 'parcialidad o número de gente que favorece y sigue el partido de alguien', 'pandilla juvenil con tendencia al comportamiento agresivo', 'conjunto de instrumentistas, con o sin cantantes, que interpreta alguna forma de música popular'.

c) 'Individuo de la especie denotada por el masculino que se dirige a alguien en particular':

grita 'voz que el cazador da al azor cuando sale la perdiz'.

d) 'Individuo de la especie denotativa por el masculino ocasionado por algo en particular':

costas 'gastos relacionados con un proceso'.

e) 'Individuo de la especie denotado por el masculino que pertenece a algo en particular o se localiza o se pone en un lugar determinado': v. gr.,

capítula 'pasaje de la Sagrada Escritura que se reza en todas las horas del oficio divino después de los salmos y las antífonas, excepto en maitines', *moña* 'pelo levantado hacia atrás a la altura de la frente' (Can.), *fresca* 'fresco de la tarde o de la mañana' (Can.), *cerca* 'vallado, tapia o muro que se pone alrededor de algún sitio, heredad o casa para su resguardo o división', *corta* 'acción de cortar árboles, arbustos y otras plantas en los bosques y cañaverales', *fosa* 'excavación profunda alrededor de una fortaleza', 'cada una de las cavidades en el cuerpo de los animales' (anat.), 'depresión que existe en la superficie de algunos huesos' (anat.), *lota* 'lote de pescado que se subasta en los lugares a donde arriban los barcos pesqueros' (And.), *ría* 'parte del río que desemboca en el mar', *palia* 'lienzo que se pone sobre el cáliz', *helecha* 'helecho silvestre' (Can.), *caracola* 'caracol terrestre de concha blanca' (Ar.), *capilla* 'capillo de las capas', *tiranta* 'tirante de un tejado' (And. y Col.), *gusana* 'lombriz de mar' (And., Sant.), etc.

f) 'Individuo de la especie denotada por la variante masculina separada de su lugar habitual':

pelleja 'piel quitada del cuerpo del animal'.

g) 'Individuo de la especie denotada por la variante masculina que presenta alguna particularidad propia':

molina 'molino con torre exenta' (Can.), *grada* 'asiento a manera de escalón corrido', *banca* 'asiento de madera, sin respaldo, y a modo de mesa baja', *birreta* 'birrete cuadrangular usado por los clérigos', *saya* 'falda', *gorra* 'prenda para cubrir la cabeza, especialmente la de tela, piel o punto con visera', *bielda* 'instrumento agrícola que se usa para recoger, cargar y encerrar la paja y que solo se diferencia del bieldo en tener seis o siete puntas y dos palos atravesados, que con las puntas o dientes forman como una rejilla', *botija* 'vasija de barro mediana, redonda y de cuello corto y estrecho', *macha* 'especie de almeja', *corcheta* 'hembra que entra en el macho de un corchete', etc.

h) 'Especie particular del género designado por el masculino correspondiente':

pescada 'merluza, pez', *bicha* 'culebra, reptil', etc.

i)'Individuo hembra de la especie animal o humana denotada por la variante masculina':

miembra 'miembro hembra de un conjunto, comunidad o cuerpo moral', *zorra* 'zorro hembra', *potra* 'potro hembra', *perra* 'perro hembra', *pájara* 'pájaro hembra' (Can.), *oveja* 'ovejo hembra', *osa* 'oso hembra', *niña* 'niño hembra', *mula* 'mulo hembra', *moza* 'mozo hembra', *mora* 'moro hembra', *machorra* 'machorro hembra', *hija* 'hijo hembra', *gata* 'gato hembra', *diabla* 'diablo hembra', *cría* 'crío hembra', *cochera* 'cochero hembra', *costurera* 'costurero hembra', *cordera* 'cordero hembra', *cochina* 'cochino hembra', *chiva* 'chivo hembra', *cerda* 'cerdo hembra', *burra* 'burro hembra', *borrega* 'borrego hembra', *becerra* 'becerro hembra', *asna* 'asno hembra', *amiga* 'amigo hembra', *anciana* 'anciano hembra', *abuela* 'abuelo hembra', *novia* 'novio hembra', *camarera* 'camarero hembra', *abogada* 'abogado hembra', *médica* 'médico hembra', *calandra* 'alondra' (Can.), *grilla* 'hembra del grillo, que no tiene la facultad de producir el sonido que produce el macho con los élitros', etc.

La particularidad de esta variante denotativa del femenino puede ser más o menos destacada según los casos. Por ejemplo, en los casos de *becerro / becerra*, *anciano / anciana*, etc., la marca es de índole sexual exclusivamente. Por el contrario, en el caso de *grillo / grilla*, la marca no es solamente sexual, sino también de capacidad.

En este apartado, se observa que nombres tradicionalmente solo masculinos (en muchos casos, porque designaban profesiones de hombres exclusivamente) han actualizado con posterioridad también la variante femenina, con un matiz despectivo más o menos claro en algunos casos: v. gr., *sastra*, *asistenta*, *acompañanta*, *jefa*, *pata* (de *pato*), *toleta* (de *tolete* 'torpe, lerdo, tardo de entendimiento') (Can.), *tipa*, *tolla* (de *tollo* 'persona torpe, estúpida') (Can.), *tigra*, *individua*, *clienta*, *testiga*, etc.

Por razones culturales obvias, la variante femenina de los nombres personales de cargo, profesión, etc., suelen adquirir también el sentido denotativo de 'mujer o esposa' de la persona denotada por el sustantivo de base', como se ve en los casos que siguen: *cochera* 'mujer del cochero' (desus.), *sargenta* 'mujer del sargento' (coloq. p. us.), *regenta* 'mujer del regente' (coloq. desus.), *mariscala* 'mujer del mariscal' (desus.), *almiranta* 'mujer del almirante' (coloq. p. us.), *coronela* 'mujer del coronel' (coloq.), *marquesa* 'mujer del marqués', etc. El carácter más igualitario de la sociedad moderna repugna este uso del femenino, que se considera denigrante para la dignidad de la mujer. De ahí las marcaciones de *desus.*, *coloq.* o *p. us.* con que aparecen registrados estos sustantivos en los diccionarios al uso. Actualmente, los femeninos de nombre de profesión como *sargenta*, *almiranta*, *cochera*, *coronela*, etc., se emplean más con los sentidos de 'sargento hembra', 'almirante hembra', 'cochero hembra' y 'coronel hembra' que como 'mujer del sargento', 'mujer del almirante', 'mujer del cochero' y 'mujer del coronel', respectivamente. Con razón dice la Academia que "han desaparecido casi por completo los sustantivos femeninos que designaban antiguamente a la esposa del que ejercía ciertos cargos (*la coronela*, *la gobernadora*, *la jueza*), y se han impuesto los significados en los que estos nombres se refieren a la mujer que pasa a ejercerlos. Frente a estos nuevos usos, reflejo evidente del cambio de costumbres en las sociedades modernas y del progreso en la situación laboral y profesional de la mujer, se percibe todavía, en algunos sustantivos femeninos, cierta carga despreciativa o minusvalorativa que arrastran como reflejo de la cultura y de la sociedad en las que se han creado" (Academia 2009: 105).

De todas formas, hay que tener en cuenta que, como se ha advertido ya en determinados estudios, muchas profesionales actuales prefieren la denominación masculina (*abogado*, *médico*, *sargento*, *coronel*...) que la denominación femenina (*abogada*, *médica*, *sargenta*, *coronela*...), marcando la condición sexual hembra mediante un determinante: *la abogado*, *la médico*, *la sargento*, *la coronel*... "El sistema que resulta de la interacción de todas estas restricciones dificulta la elección de nombres de profesión genuinamente femeninos, a la vez que explica la preferencia por las formas masculinas precedidas del artículo femenino (cf. *la médico*), frente a la carga connotativa de aquellos nombres que presentan moción de femenino (*la médica*). Esta última observación entronca, además, con factores sociológicos tales como las actitudes de los hablantes en general y, de manera específica, de las propias mujeres. A este respecto, diversos estudiosos destacan que los femeninos en *–a* tienden a ser rechazados por las mujeres que ejercen la profesión designada en cada caso, de manera que las profesionales de la medicina, por ejemplo, prefieren ser *las mujeres médicos*" (Ambadiang 1999: 4866). La razón de esta preferencia hay que buscarla en la misma semántica de la oposición gramatical de género: solo la forma masculina, que proyecta la sustancia hacia el referente, delimita o expresa de forma exacta la profesión de que se trata, en tanto que la variante femenina, que la presenta proyectada hacia fuera, la desvirtúa un tanto: la variante masculina *médico* es el nombre puro de la profesión, aunque también se pueda aplicar a un médico varón; la variante femenina *médica*, por el contrario, es semánticamente una derivación de aquel, una proyección hacia fuera.

Como se ha advertido en muchas ocasiones, las diferencias biológicas existentes entre el individuo macho y el individuo hembra de las distintas especies animales, en general, y humana, en particular, y la cultura machista imperante han determinado que la variante femenina de muchos de estos nombres haya terminado adquiriendo sentidos peyorativos diversos. Así, mientras que la variante masculina del lexema nominal *zorr–* (*zorro*) se suele emplear en el sentido de 'hombre taimado y astuto', la variante femenina (*zorra*) se suele entender, además de cómo 'mujer taimada y astuta', como 'prostituta'; la variante masculina del lexema nominal *perr–* (*perro*) se suele entender como 'hombre tenaz, firme', en tanto que su variante femenina (*perra*), se suele interpretar como 'prostituta'; *lagarto* es 'hombre pícaro y taimado' y *lagarta*, no solamente 'mujer pícara y taimada', sino también 'prostituta'; *verdulero* es 'persona que vende verduras', pero *verdulera* es no solamente 'mujer que vende verduras', sino también 'mujer descarada y ordinaria'; *hombre público* es 'el que tiene presencia e influyo en la vida social', en tanto que *mujer pública* se entiende en el sentido de 'prostituta'; etc.

L) En muchos casos, la significación invariante 'orientación o proyección centrífuga de la sustancia' de *–a* determina que la variante femenina del nombre de que se trate designa una cosa que, aunque no pertenece a la clase de objetos designados por el masculino, se parece mucho con ellos:

lagarta 'mariposa cuya oruga causa grandes daños a diversos árboles, principalmente a la encina', *la cometa* 'armazón plana y muy ligera, por lo común de caña, sobre la cual se extiende y pega papel y tela, con una cola, que sirve de juguete a los muchachos', *gata* 'nubecilla o vapor que se pega a los montes y sube por ellos como gateando', *tora* 'mujer fuerte y saludable', *caballa* 'determinada especie de pez teleósteo', *burra* 'tortilla de maíz grande y doblada, en cuyo interior lleva frijoles, arroz, queso rallado y nata líquida, y que se come caliente', *mula* 'contrabandista de drogas en pequeñas cantidades' (Ecuad.), *trona* 'silla de patas altas para dar de comer a los niños pequeños', *bacalada* 'pez marino de fondo, de la familia de los gádidos' (P. Vasco), *macha* 'cabra que no pare nunca' (Can.), *higa* 'dije de azabache o coral, en forma de puño, que ponen a los niños con la idea de librarlos del mal de ojo', etc.

M) Cuando el masculino correspondiente se entiende como 'porción o parte determinada de un elemento, entonces la variante femenina se entiende como 'cosa que contiene dicho elemento':

teja 'pieza de barro cocido hecha en forma acanalada', *ceja* 'parte prominente y curvilínea cubierta de pelo, sobre la cuenca del ojo', *la mar* 'masa de agua salada que cubre la mayor parte de la superficie de la tierra', *huerta* 'terreno destinado al cultivo de legumbres y árboles frutales', *motora* 'embarcación menor provista de motor', etc.

N) Cuando la variante masculina correspondiente designa de forma genérica la materia que se cuantifica, entonces la significación invariante 'proyección u orientación centrífuga de la sustancia' de *–a* hace que la variante femenina se entienda en uno de los sentidos cuantitativos o dimensionales siguientes:

a) 'Individuo pleno de la materia básica denotada por el masculino':

choza 'construcción rústica pequeña y tosca', *mina* 'nacimiento u origen de las fuentes', *cava* 'cueva u hoyo' (ant.), *campana* 'instrumento metálico, generalmente en forma de copa invertida, que suena al ser golpeado por un badajo o un martillo exterior', *golondrina* 'especie de pájaro muy común en España', *calabaza* 'fruto de la planta de este nombre', *anguila* 'especie de pez teleósteo fisóstomo', *risa* 'movimiento de la boca y otras partes del cuerpo, que demuestra alegría', *orilla* 'extremo o remate de una tela o de otra cosa que se teje', *pelota* 'bola de cualquier materia blanda', *cabra* 'mamífero rumiante doméstico', *palabra* 'segmento de discurso unificado habitualmente por el acento, el significado y pausas potenciales inicial y final', *jaca* 'caballo cuya alzada no llega a metro y medio', *paloma* 'especie de ave doméstica', *balandra* 'embarcación pequeña con cubierta y un solo palo', *chuchanga* 'caracol terrestre' (Can.), etc.

b) 'Término de comparación metafórica o modelo del elemento designado por el masculino':

langosta 'insecto ortóptero de la familia de los acrídidos', *mosca* 'insecto díptero, muy común y molesto', etc.

c) 'Individuo de la especie designada por el masculino agrandado en todos o en algunos de sus aspectos materiales':

jarra 'vasija de barro, porcelana, loza, cristal, etc., con cuello y boca anchos y una o dos asas', *cartela* 'pedazo de cartón, madera u otra materia, a modo de tarjeta, destinada para poner o escribir en él algo', *trompa* 'trompo grande que tiene dentro otros pequeños, los cuales, saliendo de él impetuosamente al tiempo de ser arrojado para que baile, giran todos a un tiempo', *zapata* 'calzado que llega a media pierna, como el coturno antiguo', *farola* 'farol grande', *punta* 'extremo agudo de una arma blanca u otro instrumento con que se puede herir', *olma* 'olmo muy corpulento y frondoso', *mina* 'paso subterráneo, abierto artificialmente, para alumbrar o conducir aguas o establecer otra comunicación', *hacha* 'vela de cera, grande y gruesa, de forma por lo común de prisma cuadrangular y con cuatro pabilos', *garbanza* 'garbanzo mayor, más blanco y de mejor calidad que el corriente', *berra* 'berro crecido, berraza', *eriza* 'erizo de púas muy largas' (Can.), *charca* 'depósito algo considerable de agua, detenida en el terreno, natural o artificialmente', *carraza* 'ristra de ajos o cebollas' (Huesca), *caña* 'tallo de las plantas gramíneas, por lo común hueco y nudoso', *caldera* 'recipiente de metal, grande y semiesférico, que sirve comúnmente para poner a calentar o cocer algo dentro de él', *boleta* 'cédula que se da para poder entrar sin inconveniente en alguna parte', *bombilla* 'bombillo grande' (Am.), *sombrera* 'sombrero de palma de alas grandes' (Can.), *talega* 'saco o bolsa ancha y corta, de lienzo basto u otra tela, que sirve para llevar o guardar las cosas', *cuba* 'recipiente de madera que sirve para contener agua, vino, aceite u otros líquidos', *cesta* 'cesto grande', *canasta* 'cesto de mimbre, ancho de boca, que suele tener dos asas', *bolla* 'especie de panecillo redondo' (Can.), *manta* 'pieza, por lo común de lana, que sirve para abrigarse ocasionalmente las personas, especialmente a la intemperie o en los viajes', *canga* 'yugo grande, para dos bestias de tiro' (Can.), *burgada* 'burgao grande' (Can.), *manga* 'determinado tipo de mango, de tamaño mayor que el normal' (Can.), etc.

d)'Individuo de la especie designada por el masculino empequeñecido':

la puente 'puente pequeño' (Chile), *barca* 'embarcación pequeña para traficar o para pescar cerca de la costa', *perola* 'especie de perol, más pequeño que el ordinario', *cuchilla* 'hoja de afeitar', etc.

e) 'Conjunto constituido por varios individuos de la clase denotada por el masculino':

pesuña 'conjunto de los pesuños', *vela* 'conjunto o unión de paños o pieza de lona o lienzo fuerte, que, cortados de diversos modos y cosidos, se amarran a las vergas para recibir el viento que impele la nave', *tuna* 'grupo de tunos que forman un conjunto musical', *pita* 'expresión de desaprobación mediante pitos y silbidos', *silba* 'pita', *rama* 'conjunto de ramos' (Can.), *quinta* 'reemplazo anual para el servicio militar', 'conjunto de quintos', *octava* 'espacio de ocho días, durante los cuales la iglesia celebraba una fiesta solemne o hacía conmemoración del objeto de ella', *pimienta* 'cosecha de pimientos', *marina* 'conjunto de las personas que sirven en la marina de guerra', *machera* 'criadero de alcornoques' (Ext.), *macolla* 'conjunto de vástagos, flores o espigas que nacen de un mismo pie', *mampuesta* 'hilada de mampuestos', *hueva* 'masa que forman los huevecillos de ciertos pescados, encerrada en una bolsa oval', *gesta* 'conjunto de hechos memorables', *pimienta* 'cosecha de pimientos', *grita* 'confusión de voces altas y desentonadas', *grana* 'semilla menuda de varios vegetales', *grada* 'conjunto de asientos de los teatros y otros lugares públicos', *lindera* 'conjunto de los linderos de un terreno', *familia* 'grupo de personas emparentadas entre sí que viven juntas', 'hijos o descendencia', *directiva* 'junta de gobierno de una corporación., sociedad', etc.', 'conjunto de instrucciones o normas generales para la instrucción de algo', *cuerna* 'conjunto de los cuernos de algunos cuadrúpedos, como el toro, la vaca, el venado y otros, especialmente cuando son de gran tamaño', *cría* 'conjunto de hijos que tienen de un parto, o en un nido, los animales', *caballeriza* 'conjunto de los criados que sirven la caballeriza', *baga* 'gajo del racimo de uvas, compuesto de varios bagos' (Can.), *banca* 'conjunto de bancos y banqueros', *policía* 'cuerpo encargado de velar por el mantenimiento del orden público', *guardia* 'conjunto de soldados o gente armada que asegura la defensa de una persona o puesto', *canalla* 'gente baja, ruin', etc.

f) 'Materia continua de la cosa denotada por la variante masculina':

leña 'parte de los árboles y matas que, cortada y hecha trozos, se emplea como combustible', *chamiza* 'leña menuda que sirve para los hornos', *la mar* 'masa de agua salada que cubre la mayor parte de la superficie de la tierra', *huerta* 'tierra de regadío', *madera* 'parte sólida de los árboles cubierta por la corteza', *boñiga* 'excremento del ganado vacuno', etc.

g) 'Fragmento de la cosa designada por la variante masculina':

lienza 'lista o tira estrecha de cualquier tela'.

h) 'Intensificación de la cosa denotada por la variante masculina correspondiente':

ceba 'alimentación abundante y esmerada que para engordar se da al ganado, especialmente al que sirve para el sustento del hombre', *comedera* 'acción de comer mucho y repetidamente' (Am.), *la calor* 'calor intenso', *la fin* 'fin catastrófico', *una poca* 'muy poca', *pizca* 'porción mínima y muy pequeña de algo', etc.

i) 'Despectivo de la cosa denotada por la variante masculina correspondiente':

conseja 'cuento, fábula, patraña ridículos y de sabor antiguo', *chancla* 'zapato viejo cuyo talón está ya caído y aplastado por el mucho uso', etc.

j) 'Apreciación de la cosa designada por el masculino correspondiente':

pellica 'pellico hecho de pieles finas y adobadas', *fruta* 'fruto que, por sus cualidades, sirve para comer', etc.

4 Síntesis

Independientemente de su función significante (basada en la concordancia), que indica con qué sustantivo se combina cierto adjetivo o cierto determinante, ese procedimiento morfológico dual (masculino / femenino) de la lengua española, que complementa al sustantivo de manera obligatoria y que la tradición gramatical dio en denominar *género*, presenta una indiscutible dimensión semántica, cuyos aspectos inherentes o esenciales y aspectos accidentales o circunstanciales, manifestaciones en la realidad concreta del hablar, pueden resumirse en los siguientes puntos:

1º) Desde el punto de vista semántico-lingüístico, se trata de un procedimiento semántico-gramatical (no semántico-léxico) que se limita a orientar la sustancia del nombre de base en dos sentidos distintos:

a) La variante masculina orienta la sustancia hacia dentro, hacia su núcleo, concentrándola o delimitándola. Por eso decimos que significa 'orientación o proyección centrípeta de la sustancia'. De ahí el carácter genérico, básico o primario de los nombres masculinos y su proximidad al sustantivo no determinado genéricamente en sí mismo y por sí mismo y al adjetivo. Planteadas las cosas así, es evidente que el masculino no presenta la sustancia como genérica porque carezca de marca, sino todo lo contrario: presenta la sustancia de forma genérica, porque posee una determinada marca semántica.

b) La variante femenina orienta la sustancia hacia fuera, alejándola del núcleo, expandiéndola, o mejor, indicando una manifestación particular de dicho núcleo. Por eso decimos que significa 'orientación o proyección centrífuga de la sustancia'. De ahí su carácter específico o marcado y la enorme distancia semántica que lo separa de los nombres sin marca morfológica de género y del adjetivo. Dejamos claro que *marcado* no significa aquí *elemento concreto de una clase conceptual*, como se suele entender habitualmente, sino más bien *manifestación particular de la significación invariante del núcleo nominal*.

2º) Esta oposición semántico-gramatical 'orientación o proyección centrípeta de la sustancia' / 'orientación o proyección centrífuga de la sustancia' opera, no sobre las denotaciones o acepciones de los nombres, sino sobre su significación invariante, independientemente de que tenga o no trascendencia referencial o que la referencia que se atribuye a cada uno de sus miembros pertenezca o no a un mismo ámbito conceptual. Por ejemplo: el femenino de *casa* carece de trascendencia referencial, y, sin embargo, no cabe duda de que orienta la sustancia 'adaptación perfecta de una cosa a otra-como objeto independiente' del lexema nominal *cas–* orientada o proyectada más allá de su núcleo; los miembros de las oposiciones *tormento / tormenta*, *punto / punta* y *el frente / la frente* presentan referencias distintas, y, sin duda, solo se diferencian en que las variantes masculinas presentan la sustancia de base nominal *torment–*, *punt–* y *frent–* orientada o proyectada hacia dentro y las variantes femeninas orientada o proyectada hacia fuera. La diferencia entre el masculino y el femenino hay que buscarla en el ámbito de la significación idiomática, no en el ámbito del sentido, donde las cosas casi nunca son del todo claras.

3º) Todo sustantivo presenta en el sistema de la lengua las dos posibilidades genéricas mencionadas, independientemente de que las haya actualizado o no en la realidad concreta del hablar. Desde el punto de vista del discurso, puede hablarse de dos grupos de sustantivos: a) Sustantivos que tienen actualizadas las dos variantes genéricas posibles: v. gr., *banco* / *banca*, *mosco* / *mosca*, *chozo* / *choza*, *quino* / *quina*; b) Sustantivos que no han actualizado más que una de las dos variantes genéricas posibles: v. gr., *casa*, *forma*, *edificio*. En este caso, como la forma complementaria siempre se encuentra latente en el sistema de la lengua, el hablante podrá actualizarla en cuanto sienta necesidad de ella. Es lo que sucedió con las formas *cuesto*, *guitarro*, *azafato*, *chozo*, *jueza*, *tigra*, *caballa*, etc., que surgieron históricamente mucho después que sus complementarias *cuesta*, *guitarra*, *azafata*, *choza*, *juez*, *tigre* y *caballo*.

4º) El género gramatical hace que todo nombre español se manifieste en una relación bipolar o binaria en que la variante masculina señala el 'base de la sustancia' y la variante femenina el 'manifestación compleja de la sustancia'. Esta organización idiomática obliga a que, cuando los sentidos de ambas variantes se encuentran relacionados, primero haya que describir referencialmente la primaria, que puede ser indistintamente la masculina o la femenina, y luego la secundaria a partir de ella. Por ejemplo, en la oposición *manzano* / *manzana*, lo primero que hay que describir es el término *manzano*, que designa el concepto primario, y en segundo lugar la forma *manzana*, que designa un concepto derivado de aquel; por el contrario, en la oposición *rana* / *rano*, hay que definir primero el término *rana*, que designa el concepto primario, y luego la forma *rano*, que designa un concepto derivado de aquel.

5º) La oposición de género presenta en la realidad concreta del hablar un comportamiento enormemente heterogéneo, determinado por factores muy diversos, entre los que destacan fundamentalmente el hecho de que las dos variantes se encuentren o no actualizadas en el discurso y, en el caso de que se encuentren actualizadas, el hecho de que ambas se refieran a un mismo o distinto ámbito referencial. A pesar de esta diversidad designativa, la significación invariante se mantiene, como es obvio, constante: siempre el masculino orienta la sustancia hacia dentro y el femenino hacia fuera.

A) Cuando el nombre ha actualizado una sola de las dos variantes genéricas posibles, la marca gramatical que nos ocupa no suele desarrollar sentido particular: v. gr., *olvido*, *espárrago*, *barra*, *altura*… También se encuadran en este apartado todos aquellos nombres que, aun habiendo actualizado las dos variantes genéricas, cada una de ellas se localiza en registros idiomáticos distintos: v. gr., *el canal* / *la canal.*

B) Cuando el nombre actualiza las dos variantes, el morfema de género suele desarrollar un sentido más o menos diferente. En este caso, pueden suceder dos cosas distintas:

a) Que esos sentidos sean simplemente aspectos distintos de una misma sustancia, y que, por tanto, el hablante establezca relación lógica entre las dos variantes genéricas. En este caso, la variante masculina suele usarse para designar la base de la relación (agente, árbol o planta, instrumento, lugar, materia, género, base metafórica, elemento base de cuantificación, elemento reducido, despectivo, etc., etc.) y la variante femenina como manifestación de ese elemento básico: actividad del agente, fruto o sustancia del árbol o planta, actividad que se realiza con el instrumento, actividad que se desarrolla en el lugar, elemento determinado de la clase, individuo hembra de la clase, producto que se elabora con una determinada materia, elemento que se parece con la base, elemento grande de la especie, colectivo, continuo, etc. Menos frecuentemente, el femenino designa agente, árbol, instrumento, lugar en donde, etc., y el masculino actividad que se realiza en un lugar, fruto, efecto de la actividad del instrumento, elemento pequeño de la cosa designada por el femenino, etc. Digamos que en estos casos se invierte la forma de significar: la actividad que se realiza en un lugar, el objeto pequeño, el fruto, etc., se significan como punto de partida o elemento básico de la sustancia, y el agente, instrumento, lugar en donde, elemento pleno, etc., como punto de llegada o manifestación de la sustancia. En todo caso, es evidente que los contenidos de sexo, dimensión, árbol / fruto, agente / actividad, instrumento / actividad, denominación neutra / denominación despectiva, etc., etc., que en la tradición gramatical se suele atribuir al género, no son otra cosa que circunstanciales orientaciones de sentido de un mismo valor: 'orientación o proyección centrípeta de la sustancia' / 'orientación o proyección centrífuga de la sustancia'. En todo caso, hay que tener siempre en cuenta que cada una de estos heterogéneos matices de sentido derivan directamente de la significación invariante de base ('orientación centrípeta de la sustancia' / 'orientación centrífuga de la sustancia'), y no metafóricamente de su sentido sexual 'macho' / 'hembra', como se ha pretendido en muchas ocasiones. El sentido sexual del género gramatical no es otra cosa que una más de sus especializaciones denotativas, tan externo a la lengua como los demás. Más todavía: como variante semántica que es, ni siquiera tiene las posibilidades referenciales de las oposiciones conceptuales 'grande' / 'pequeño', 'agente' / 'actividad del agente', 'planta' / 'lo que produce esa planta o se extrae de ella', etc., pues se trata de una subvariante de la oposición conceptual más amplia 'género' / 'especie'.

b) Que las dos variantes actúen sobre ámbitos referenciales distintos, sin ningún vínculo claro entre ellos: v. gr., *el puente* / *la puente*, *primo* / *prima*, *suelo* / *suela*. En este caso, el hablante no suele establecer relación entre las dos variantes genéricas. No se trata, por supuesto, de signos léxicamente distintos, sino de los mismos signos léxicos con determinación genérica distinta, que ha contribuido a que la sustancia de base desarrolle sentidos diversos.

Aunque en muchos casos sea factible atribuir un sentido lógico-conceptual más o menos inequívoco a los miembros de la oposición de género, en otros esta operación resulta prácticamente imposible, por las heterogéneas peculiaridades (de forma, función, localización, tamaño, parecido...) implicadas en la base designativa.

De todas formas, la conclusión que se extrae de la somera clasificación de usos que acabamos de hacer es que la polisemia (agente / acción, árbol / fruto del árbol, instrumento / actividad, pequeño / grande, pleno / pequeño, materia / producto, genérico / específico, macho / hembra, individual / colectivo...) del género no es una polisemia de significación, sino una polisemia de sentidos o de usos. Desde el punto de vista del sistema de la lengua, la significación invariante de masculino y femenino es tan monosemántica como la del resto de los signos del idioma.

6º) Y, como en español solamente existen dos géneros gramaticales (*masculino*, que proyecta la sustancia hacia dentro, y *femenino*, que proyecta la sustancia hacia fuera), es evidente que carecen de fundamento idiomático esas otras clases de género que la tradición gramatical denomina *epiceno*, *común*, *ambiguo* y *heterónimo*.

Carece de fundamento idiomático el concepto de *nombres de género epiceno*, porque dichos nombres no constituyen una clase particular de género distinta de la del masculino y el femenino, sino un uso concreto de sustantivos masculinos o femeninos que se refieren indistintamente al individuo macho y al individuo hembra de la especie animal designada. Lo que es particular aquí no es, por tanto, el género, sino más bien la relación entre el género y la referencia, el hecho de que con una misma forma genérica se designen los dos sexos de la especie.

Carece de fundamento idiomático el concepto de *nombres de género común*, porque dichos nombres no constituyen una clase particular de género, distinto del masculino y el femenino. Se trata más concretamente de nombres que carecen de marca morfológica de género en sí mismos y por sí mismos, y que la adquieren sintagmáticamente (como no puede ser de otra manera) según el sexo de la persona o el animal designado: cuando se usa para designar personas o animales de sexo macho, adquieren determinación sintagmática masculina; por el contrario, cuando se usa para designar personas o animales de sexo hembra, pues adquieren determinación sintagmática femenina. Lo que es particular aquí no es el género, sino precisamente la ausencia de marca de género en el sustantivo y el tipo de determinación sintagmática que este adquiere en función del sexo de la persona o el animal designado.

Carece de fundamento idiomático el concepto de *nombres de género ambiguo*, porque dichos nombres no constituyen una clase particular de género gramatical, distinta del masculino y del femenino, sino un uso particular del género en que las dos variantes de un mismo sustantivo confluyen en la misma o parecida designación, sin alterar lo más mínimo su identidad semántica de masculino y femenino. De ahí los matices de sentido que suelen llevar aparejados cada uno de los sustantivos que se clasifican dentro de este apartado. Lo que es particular aquí no es, por tanto, el género, sino el hecho de confluir en la misma referencia.

Y, por último, también carece de fundamento idiomático el concepto de *nombres de género heterónimo*, porque dichos nombres tampoco constituyen una clase particular de género gramatical, distinta de la del masculino y el femenino, sino de signos que aluden al individuo macho y el individuo hembra de una misma clase conceptual no de forma gramatical, sino de forma léxica. Como tal problema léxico, no tiene absolutamente nada que ver con la gramática.

II EL GENTILICIO EN ESPAÑOL: SUS PROCEDIMIENTOS EXPRESIVOS[1]

La procedencia u origen espacial de las personas, los animales o las cosas (que eso es lo que se suele entender más habitualmente por *gentilicio*) puede expresarse en español de dos maneras radicalmente distintas: de forma gramatical y de forma léxica[2].

En el primer caso, la significación de procedencia u origen espacial se expresa mediante una determinada función gramatical, a partir del nombre de lugar de referencia: v. gr., *de Chile*, *chileno*, *de La Palma*, *palmero*, *de Telde*, *teldense*, *de Zaragoza*, *zaragozano*, etc. La vinculación de la persona, animal o cosa con su tierra no se expresa aquí de forma absoluta, sino de forma relativa, mediante una relación gramatical con el nombre de lugar de que se trata, que es el elemento básico. Como se puede apreciar por los simples ejemplos citados, esta forma de expresión gentilicia presenta a su vez dos variantes semánticas distintas: una forma externa o analítica y una forma interna o sintética.

Por un lado, la relación gentilicia gramatical puede expresarse en español, y de hecho se expresa, de forma externa o analítica mediante un sintagma preposicional constituido por la preposición significativa de 'movimiento de alejamiento sin extensión visto desde el origen' *de* y el nombre de lugar de que se trata, que precisa el punto de partida del movimiento que implica aquella: v. gr., *niños de Sevilla*, *navaja de Albacete*, *alcachofas de la huerta*, *los de Arrecife*, *perro de Fuerteventura*. En todas estas combinaciones, la persona, el animal o la cosa designado por el núcleo del sintagma (en nuestros ejemplos, *niños*, *navaja*, *alcachofas*, *los* y *perro*) se presenta orientado desde el lugar designado por el régimen de la preposición: *Sevilla*, *Albacete*, *la huerta*, *Arrecife* y *Fuerteventura*, respectivamente. De ahí el sentido de que

---

1 Este trabajo se encuadra dentro del proyecto de investigación Estudio global de los gentilicios de la lengua española (FFI 2008-01817/ FILO), patrocinado por el Ministerio de Ciencia e Innovación del Estado español.

2 He tratado este asunto de forma muy sintética en mi trabajo "El concepto de gentilicio", XVI Congreso Internacional de la Asociación de Lingüística y Filología de América Latina (ALFAL), celebrado en Alcalá de Henares (Madrid), entre los días 6 y 9 de junio de 2011.

dicha persona, animal o cosa tiene, de una u otra forma, su origen en ese lugar. El complemento es aquí externo, porque presenta significación categorial propia. Obviamente, no cabe en estas construcciones la preposición también de origen *desde*, porque la noción de 'origen exclusivamente' que implica la relación gentilicia rechaza el componente semántico de 'extensión' que posee aquella. En *naranjas desde Valencia*, por ejemplo, lo que entendemos es que las naranjas han sido enviadas desde Valencia, no que procedan o que se produzcan en las huertas de dicho lugar.

La construcción con *de* es la forma más precisa y primaria de significar la relación gentilicia, por cuanto se basa en un procedimiento gramatical que el hablante puede usar libremente. En principio, cualquier relación gentilicia puede expresarse mediante el sintagma preposicional *de-nombre de lugar*. El hecho de que el hablante tenga sindéresis para interpretar esta construcción sintáctica es el que explica que las expresiones gentilicias con *de* no aparezcan registradas en los diccionarios. Precisamente por eso, es la forma que usan los lexicógrafos y gramáticos para definir los gentilicios sintéticos, sean morfológicos o léxicos. Así, según el DRAE, el gentilicio *chileno*, por ejemplo, significa 'natural de Chile'.

Desde el punto de vista de la naturaleza semántica del nombre que actúa como régimen de la preposición, este sintagma preposicional significativo de origen espacial presenta a su vez dos variantes semánticas distintas:

a) La variante semántica *de-nombre propio de lugar*: v. gr., *de Sevilla*, *de Albacete*, *de Arrecife*, *de Fuerteventura*. El sentido gentilicio de esta construcción es muy marcado, precisamente porque el lugar en cuestión no se significa de forma descriptiva, conceptualizándolo de tal o cual manera, sino que se significa de forma mostrativa, identificándolo como punto concreto del espacio. En la expresión *niños de Sevilla*, por ejemplo, solamente se nos dice que los niños de que se trata tienen su origen en un lugar determinado, en ese lugar determinado que se llama Sevilla, lo que los convierte en algo singular: ser de Sevilla, Bogotá o La Orotava, por ejemplo, es tener origen en un lugar señalado, no en una categoría o clase de lugares. De ahí el carácter exclusivo de la adscripción espacial que implica el tipo de expresión gentilicia que nos ocupa. Bien es verdad que el topónimo, como todo nombre propio, suele movilizar connotaciones de la realidad designada (en este caso, geográficas, climáticas, urbanas, históricas, etc.), connotaciones que, como luego veremos, juegan un papel fundamental en el desarrollo diacrónico de los gentilicios morfológicos, sobre todo, pero esas connotaciones se encuentran más allá de la función semántico-gramatical que ahora nos ocupa. En todo caso, es evidente que es el carácter propio del nombre que comentamos el que determina que el *de* de la combinación *de-nombre propio de lugar* no admita otra interpretación que la gentilicia. Y no se puede contraargumentar aquí diciendo que en casos como *narrador de Valencia*, por ejemplo, también es posible la interpretación de materia, según la cual *Valencia* podría ser, por ejemplo, el tema de las novelas del susodicho narrador, porque en este caso el topónimo en cuestión no se entendería como nombre de lugar, sino precisamente como nombre de materia.

Muchos pueblos del mundo hispánico, sobre todo los de nacimiento más tardío, no ostentan otro gentilicio que el que se expresa de esta manera. En Canarias, por ejemplo, al contrario de lo que sucede en las islas de Tenerife y La Palma, principalmente, donde existen muchos gentilicios morfológicos, es el que se suele emplear más frecuentemente en las islas de Lanzarote, Fuerteventura, Gran Canaria, La Gomera y El Hierro para expresar la procedencia de la gente de sus distintos barrios, pueblos y ciudades: *los de Los Pozos*, *los de Arrecife*, *los de La Oliva*, *poeta de Casillas*, *niño de Vecindario*, *poeta de Vallehermoso*, *los de Valle Gran Rey*, etc. Incluso una ciudad tan importante como Las Palmas de Gran Canaria, capital de la isla de Gran Canaria y de toda la provincia oriental del archipiélago, no tiene otro gentilicio popular que el que se expresa mediante la preposición *de*: *ciudadano de Las Palmas*, *pintor de Las Palmas*, *ayuntamiento de Las Palmas*, *fiestas patronales de Las Palmas*.

b) La variante *de-nombre común de lugar*: v. gr., *de la huerta*, *del campo*, *de la sierra*, *de la isla*, etc. La función gentilicia se encuentra aquí mucho más atenuada que antes, precisamente porque el lugar en cuestión se significa de forma descriptiva o léxica, como ejemplar de una determinada clase nocional. En la combinación *hombre del campo*, por ejemplo, el lugar de origen no se significa de forma mostrativa, sino de forma descriptiva, indicando que dicho lugar de origen tiene tales o cuales propiedades (se trata del campo, no de la ciudad, por ejemplo), lo que hace que, más que como expresión gentilicia, se entienda este sintagma preposicional en muchos casos como expresión calificativa. El *del campo* de la combinación *hombre del campo* se refiere más a la condición del hombre que a su origen. De ahí que aparezca con frecuencia en expresiones ponderativas del tipo *ser más del campo que las amapolas*.

Desde el punto de vista de la naturaleza referencial del nombre que actúa como regente del sintagma, también puede hablarse de dos grandes variantes distribucionales del sintagma *de-nombre de lugar* que estudiamos:

a) De un lado, tenemos combinaciones como *niños de Sevilla*, *los de Arrecife*, etc., donde el sustantivo regente (*niños* y *los*) designa persona más o menos determinada. Se trata de la construcción preposicional que más propiamente puede denominarse gentilicia, por cuanto se refiere a personas. El carácter singularizador de esta construcción de sentido gentilicio es tal, que la encontramos tanto formando parte del nombre artístico de diferentes personajes del espectáculo, sobre todo (v. gr., *Marifé de Triana*, *Finito de Córdoba*, *Lola de España*, etc.), como funcionando como mero apellido: v. gr., el *de León*, de *Juan Ponce de León*, por ejemplo; el *de Córdoba*, de *Gonzalo Fernández de Córdoba*, por ejemplo; el *de Oviedo*, de *Gonzalo Fernández de Oviedo*, por ejemplo; etc.[3]

b) De otro, tenemos combinaciones como *naranjas de Valencia*, *perro de Fuerteventura*, etc., donde el nombre regente (*naranjas* y *perro*) designa cosa y animal, respectivamente. Solo por extensión es legítimo hablar en estos casos de construcciones gentilicias, puesto que en ellas no se hace alusión a "gentes", sino a "res" y a "animalia", respectivamente.

Por otra parte, la relación gentilicia gramatical puede expresarse en español, y de hecho se expresa, de forma interna, mediante un sufijo que presenta la materia semántica del nombre de lugar de base cuantificada de una u otra manera. Por ejemplo, el *–ón* de *borgoñón* o *canarión* presenta la sustancia de base (*Borgoña* y *Canaria*, respectivamente) como 'superando bruscamente su límite'; el *–ano* de *colombiano* y *murciano*, presenta a sus bases *Colombia* y *Murcia* como 'límite que se alcanza externamente'; el *–ero* de *cartagenero* o *tagananero* presenta a sus bases *Cartagena* y *Taganana* como 'ámbito del que emana activamente su materia semántica'; etc. Como es de sobra sabido, los sufijos que suelen aparecer en esta función referencial son restringidos.

3 El primero en aludir a este problema de forma más o menos extensa ha sido Dieter Kremer, en su "Onomástica e historia de la lengua española", en Actas del Primer Congreso Internacional de Historia de la lengua española, Madrid, 1988, pp. 1583-1612.

Casi se limitan, con mayor o menor frecuencia de uso, según los casos, a las formas *–aco*, *–ano*, *–ata*, *–eco*, *–enco*, *–ense*, *–eño*, *–ero*, *–és*, *–esco*, *–í*, *–ico*, *–iego*, *–ino*, *–ita*, *–ón*, *–ota* y *–uno*, como puede comprobarse en la muestra que sigue:

a) Formas en *–aco*: *austriaco*, natural de Austria, *eslovaco*, natural de Eslovaquia, *bosniaco*, natural de Bosnia, etc.

b) Formas en *–ano*: *alcoyano*, natural de Alcoy, en España *andorrano*, natural de Andorra, *boliviano*, natural de Bolivia, *caucano*, natural de Cauca, en Colombia, *gaditano*, natural de Cádiz, *montevideano*, natural de Montevideo, *surcoreano*, natural de Corea del Sur, *veneciano*, natural de Venecia, *zambiano*, natural de Zambia.

c) Formas en *–ata*: *keniata*, natural de Kenia, *crotoniata*, natural de Crotona, en Italia, *esparciata*, natural de Esparta.

d) Formas en *–eco*: *ahuchapaneco*, natural de Ahuachapán, en El Salvador, *copaneco*, natural de Copán, en Honduras, *otompaneco*, natural de Otompán, en México, *santaneco*, natural de Santa Ana, en El Salvador, *tamaulipeco*, natural de Tamaulipas, en México.

e) Formas en *–enco*: *ibicenco*, natural de Ibiza, *jijonenco*, natural de Jijona, *salacenco*, natural del valle de Salazar, en Navarra.

f) Formas en *–ense*: *ateniense*, natural de Atenas, *carmonense*, natural de Carmona, *gerundense*, natural de Gerona, *guerrerense*, natural de Guerrero, en México, *lucense*, natural de Lugo, *melillense*, natural de Melilla, *morelense*, natural de Morelos, *arellanense*, natural de Orellana, en Ecuador, *peñaflorense*, natural de Peñaflor, en España, *zaherense*, natural de Zahara, en España.

g) Formas en *–eño*: *alcarreño*, natural de La Alcarria, *alpujarreño*, natural de Alpujarras, *angoleño*, natural de Angola, *berjeño*, natural de Berja, *canteño*, natural de Canta, en Lima, *cazorleño*, natural de Cazorla, *extremeño*, natural de Extremadura, *herreño*, natural de El Hierro, en Canarias, *limeño*, natural de Lima, *oaxaqueño*, natural de Oaxaca, *salteño*, natural de Salta, en Argentina.

h) Formas en *–ero*: *baenero*, natural de Baena, *cantillanero*, natural de Cantillana, *cerquero*, natural de Chercos, en España, *cienfueguero*, natural de Cienfuegos, en Cuba, *esteponero*, natural de Estepona, *fuencarralero*, natural de Fuencarral, *habanero*, natural de La Habana, *mairenero*, natural de Mairena, *palmero*, natural de La Palma, *rabalero*, natural de El Rabal, en Zaragoza, *trianero*, natural de Triana, en Sevilla.

i) Formas en *–és*: *badalonés*, natural de Badalona, *bayonés*, natural de Bayona, *burgalés*, natural de Burgos, *cordobés*, natural de Córdoba, *genovés*, natural de Génova, *marsellés*, natural de Marsella, *oranés*, natural de Orán, *vienés*, natural de Viena, *vigués*, natural de Vigo, *ugandés*, natural de Uganda.

j) Formas en *–esco*: *irlandesco*, natural de Irlanda, *tobosesco*, natural de El Toboso, *versallesco*, natural de Versalles.

k) Formas en *–eta*: *egineta*, natural de Egina, isla del Mar Egeo, en Grecia, *lisboeta*, natural de Lisboa.

l) Formas en *–í*: *marbellí*, natural de Marbella, *ceutí*, natural de Ceuta, *marroquí*, natural de Marruecos, *kuwaití*, natural de Kuwait.

m) Formas en *–ico*: *califórnico*, natural de California, *crético*, natural de Creta, *ibérico*, natural de la península ibérica, *macedónico*, natural de Macedonia, *mongólico*, natural de Mongolia, *jónico*, natural de Jonia.

n) Formas en *–iego*: *naviego*, natural de Navia, *bonariego*, natural de Bonares, *castellariego*, natural de Castellar, *lebaniego*, natural de Liébana, *serraniego*, natural de la Sierra de Gata, *vejeriego*, natural de Vejer de la Frontera, *Villadiego*, natural de Los Villares.

ñ) Formas en *–ino*: *alicantino*, natural de Alicante, *bilbaíno*, natural de Bilbao, *coronguino*, natural de Corongo, en Perú, *granadino*, natural de Granada, *sancarlino*, natural de San Carlos, en Chile, *rosarino*, natural de Rosario, en Argentina, *santiaguino*, natural de Santiago de Chile, *tangerino*, natural de Tánger, *tortosino*, natural de Tortosa, *tobosino*, natural de El Toboso, *tunecino*, natural de Túnez, *vizcaíno*, natural de Vizcaya.

o) Formas en *–ita*: *israelita*, natural de Israel, *moscovita*, natural de Moscú, *saudita*, natural de Arabia Saudí, *sodomita*, natural de Sodoma, *vietnamita*, natural de Vietnam.

p) Formas en *–ón*: *borgoñón*, natural de Borgoña, *canarión*, natural de Gran Canaria, *bravanzón*, natural de Bravante.

q) Formas en *–ota*: *biarrota*, natural de Biarritz, *cairota*, natural de El Cairo, *candiota*, natural de Candia, actual Creta, *chipriota*, natural de Chipre, *rodiota*, natural de Rodas.

r) Formas en *–uno*: *paramuno*, natural de Páramo, en Colombia, *valluno*, natural de Valle, en Bolivia, *villavicenciuno*, natural de Villavicencio, en Colombia.

La aparición de uno u otro de estos sufijos está determinada por razones históricas, fonéticas (por ejemplo, a veces se elige uno u otro en función de la preservación de la identidad del primitivo), semánticas (por ejemplo, se evitan los que puedan producir homonimias burlescas) etc., de diversa naturaleza, como han puesto de manifiesto Humberto Valdivieso y Jaime Soto-Barba (2002). Todo ello hace que no todos estos sufijos presenten la misma frecuencia de uso ni la misma distribución geográfica[4].

Se trata, por tanto, de adjetivos relativos derivados de nombres de lugar, y, como tales, resultan más internos al nombre de persona, animal o cosa que los rige que los gentilicios construidos con la preposición *de*. Aunque presenta más o menos la misma designación, no significa lo mismo el *sevillano* de *niño sevillano* que el *de Sevilla* de *niño de Sevilla*, por ejemplo. En *niño sevillano* la determinación gentilicia es interna al núcleo (se trata de un adjetivo). En *niño de Sevilla*, la determinación gentilicia es externa al núcleo (se trata de un complemento de naturaleza nominal que se relaciona indirectamente con el núcleo). Es lo que determina que los gentilicios morfológicos puedan desarrollar acepciones especiales y que, por lo mismo, aparezcan recogidos en los diccionarios, en tanto que los gentilicios sintácticos no, como vimos en su momento. Por lo demás, como los gentilicios morfológicos tienen un componente aleatorio (pueden actualizarse o no; pueden construirse con una determinación morfológica u otra; pueden desarrollar acepciones secundarias particulares; etc.), es absolutamente imprescindible dar cuenta de ellos en las obras lexicográficas generales.

Dos hechos muy evidentes ponen de manifiesto los sencillos ejemplos que acabamos de comentar:

Primero, que gentilicio sintáctico o externo y gentilicio morfológico o interno constituyen dos tipos de gentilicios semántico-formalmente distintos. En aquel, la relación de origen se expresa explícitamente mediante la preposición *de*, que significa concretamente, como dijimos más arriba, 'movimiento

---

4 Una muestra de la rentabilidad y frecuencia de uso de estos sufijos en español puede verse en Luis Pablo Núñez, "La morfología derivativa de los gentilicios en español", *Interlingüística* 15 (2005), pp. 1047-1056.

de alejamiento sin extensión visto desde el origen'. Lo que significa *niño de Sevilla*, por ejemplo, insistimos una vez más, es el 'concepto niño orientado desde el concepto Sevilla'. El nombre de lugar no experimenta aquí ninguna modificación interna, sino que actúa como complemento directo de la preposición. En este, la relación de origen se expresa solo contextualmente, pues los signos *–ano*, *–ero*, *–ón*, *–eta*, *–és*, *–ense*, etc., etc., que formalizan esta relación no significan propiamente 'origen', sino más bien 'cuantificación interna de la sustancia del nombre que actúa de base'. El nombre de lugar experimenta ahora una modificación interna más o menos sustancial. En realidad, *cartagenero* no significa 'natural de Cartagena', o 'de Cartagena', como dicen los diccionarios al uso, sino más exactamente 'ámbito del que emana activamente la sustancia Cartagena'. Si le atribuimos carácter gentilicio, sentido de origen espacial, es más bien por nuestro conocimiento de las cosas, concretamente porque la relación más común entre una persona, animal o cosa y un lugar es la relación de procedencia. Prueba de que esto es así lo proporciona el hecho de que formas como *veguero*, *barriobajero*, *montés*, *playero*, etc., que presentan estructura similar (se trata de un nombre de lugar complementado mediante un sufijo de los citados), no desarrollan sentidos gentilicios, sino sentidos de otra naturaleza: *veguero* no significa 'natural de una vega', sino 'que trabaja en una vega'; *barriobajero* no significa 'natural de un barrio bajo', sino 'ineducado, desgarrado en el comportamiento o en el hablar'; *montés* no significa 'natural del monte', sino más bien 'que anda, está o se cría en el monte'.

El otro hecho evidente que ponen de manifiesto los ejemplos que acabamos de comentar es que los sufijos implicados en la función referencial que nos ocupa no significan la relación de origen espacial de la misma manera, sino que cada uno de ellos la expresa de forma particular. Solamente desde el punto de vista referencial se puede decir que el *–ano* de *murciano*, el *–ero* de *tagananero*, el *–és* de *leonés*, el *–ón* de *canarión* o el *–eta* de *lisboeta*, por poner solamente unos cuantos ejemplos, signifiquen lo mismo. Desde el punto de vista semántico-lingüístico, se trata de complementos morfológicos radicalmente distintos. Lo que quiere decir que ni siquiera formas como *jienense*, *jaenés*, *jaenero*, etc., con que se designa a los naturales de Jaén, o *baenense* y *baenero*, con que se designa a los naturales de Baena, en Córdoba, presentan el mismo valor idiomático, aunque designen lo mismo. Es lo que explica que determinados andaluces hayan creado el gentilicio *sevillita* (con sufijo diminutivo *–ita*) para designar al natural de Sevilla de forma un tanto peyorativa, en tanto que la forma canónica *sevillano* se emplea como gentilicio neutro; *marbellero* es el 'natural de Marbella de toda la vida'; por el contrario, *marbellí* hace alusión a los que se han establecido más recientemente en la ciudad (García Padrón 2010).

Como en el caso de los gentilicios sintácticos o externos, los gentilicios morfológicos o internos que presentan mayor fuerza gentilicia son los que derivan de nombres propios de lugar, porque, como se señaló más arriba, significan de forma mostrativa lugares únicos. Por ejemplo, la combinación *poeta sevillano* solamente puede entenderse en el sentido de que el mencionado poeta procede, nació, etc., en el mencionado lugar. Lo que tenemos aquí es únicamente la adscripción de una persona, animal o cosa a un lugar determinado, sin ningún tipo de indicación conceptual, aunque el conocimiento de dicho lugar lleve aparejadas, como dijimos más arriba, connotaciones geográficas, climáticas, históricas, folklóricas, etc., importantes, como luego veremos, tanto para la valoración social de los elementos designados como para la evolución semántica del gentilicio. Y eso independientemente de que en muchas ocasiones rebasen su ámbito territorial originario y pasen a entenderse en un sentido más amplio (Ferreccio Podestá 2006: 185; Morera 2011b), como ha sucedido con el gentilicio *gallego* 'natural de Galicia', que en América se emplea con el sentido extenso de 'español, en general', por la gran cantidad de emigrantes de esta comunidad autónoma española que existen en la mencionada parte del mundo hispánico. Precisamente por ello, suelen ser considerados los verdaderos gentilicios de la lengua española. En principio, una forma como *vallisoletano*, por ejemplo, solamente puede significar 'natural de Valladolid', o 'perteneciente o relativo a Valladolid', como quieren los diccionarios más convencionales.

Por el contrario, los gentilicios morfológicos o internos derivados de nombres comunes de lugar presentan mucha menos fuerza gentilicia, por el mismo carácter descriptivo o indirecto del nombre de base: el *ciudad* de *ciudadano*, el *isla* de *isleño*, el *sierra* de *serrano*, el *pueblo* de *pueblero*, el *burgo* de *burgués*, por ejemplo, no muestran o designan lugares únicos, sino que ofrecen descripciones generales de lugares. Lo que hay en estos gentilicios es, por tanto, adscripción de una persona, animal o cosa a un tipo de lugares, no a un lugar concreto: *ciudadano* es el 'natural o vecino de una ciudad', sea esta la que sea; *nacional* es el 'natural de una nación, en contraposición a extranjero', independientemente de la nación de que se trate; *lugareño* es el 'natural de un lugar', independientemente de cuál sea este lugar; *isleño* es el 'natural de una isla', independientemente de cuál sea esta isla; *pueblero* es en Argentina, México, Paraguay y Uruguay el 'natural o habitante de un pueblo', sea este el que sea; *serrano* es el 'natural de una sierra, o que habita en ella', independientemente de la sierra de que se trate; *burgués* es el 'natural de un burgo medieval', independientemente de cuál sea este burgo. Veremos luego cómo este carácter descriptivo del gentilicio que nos ocupa determina poderosamente su evolución semántica. Todo ello explica que muchos autores hayan terminado por considerar que palabras derivadas como las que nos ocupan no pertenecen realmente a la categoría conceptual del gentilicio, sino que se trata de adjetivos de relación de otro tipo. Es el caso de la Academia, que considera que estos derivados son adjetivos no gentilicios (Academia 2009: 535).

Innecesario resulta señalar que quedan excluidos del grupo de palabras que consideramos formas como *callejero*, *veguero*, *barriobajero*, *montés*, *hortelano* o *playero*, que, aunque proceden de nombres comunes de lugares como los anteriores y presentan su misma morfología, no tienen sentido gentilicio, es decir, de procedencia espacial, propiamente dicha.

Por otro lado, desde el punto de vista de la naturaleza referencial del nombre que los rige, también puede hablarse de dos grandes distribuciones de los gentilicios morfológicos o internos: gentilicios morfológicos regidos por nombres de personas, como el *francés* de *mujer francesa*, el *urbano* de *niño urbano*, el *andaluz* de *niño andaluz*, el *mauritano* de *pescador mauritano* y el *cubano* de *médico cubano*. Se trata de las formas gentilicias que presentan más propiamente sentido gentilicio, porque se refieren a nombres de "gens" o de persona. De ahí que los diccionarios los suelan definir como 'natural de'. La adscripción de la persona a su particular lugar de origen es muy importante, porque este le impone todas sus condiciones geográficas, históricas, culturales, ambientales, jurídicas, etc., a aquella, características que la definen ante las demás: los ingleses o los norteamericanos, por ejemplo, poseen particularidades que no poseen los franceses, los alemanes o los españoles, por ejemplo, precisamente porque sus culturas y lugares de origen son distintos. Es lo que convierte al gentilicio en la palabra más definidora de los grupos humanos. Aunque la persona cambie de nacionalidad, seguirá siendo del lugar en que nació, porque de forma indeleble lleva en sí el carácter que este le imprimió. La fuerza particularizadora de los gentilicios personales es tal, que, en muchas ocasiones, se convierten en meros apellidos. Tal es el caso de las formas *navarro*, *español*, *castellano*, *catalán*, *portugués*, *murciano*, *francés*, *genovés*, *romano*, *genovés*, *toledano*, *romano*, *gallego*, etc., tan frecuentes en la onomástica española. Se trata de un indicio del protagonismo de estos pueblos en la vida nacional.

En segundo lugar, tenemos que los gentilicios morfológicos también pueden ser regidos por nombres designativos de animales o de cosas: v. gr., *vaca suiza*, *queso majorero*, *perro afgano*, *pescado costero*, *habla mexicana*, etc. Solamente por extensión se puede decir que tengan estas palabras sentidos gentilicios, pues no se refieren a "gentes", sino a "res" o a "animalia". De ahí que los diccionarios al uso suelan definirlos con la expresión "perteneciente o relativo a". Es evidente que no existe la misma relación referencial (aunque sí lingüística si el procedimiento idiomático con que se designa es el mismo) entre una persona y su lugar de nacimiento que entre un animal y su lugar de nacimiento y cría o entre una cosa y el lugar en que esta se produce. En el primer caso, el lugar afecta a la persona de forma total; en el segundo, el lugar afecta al animal o a la cosa de forma parcial. Por ejemplo, el *manchego* de *queso manchego* no tiene las mismas implicaciones referenciales que el *manchego* de *trabajador manchego*: el producto adquiere del lugar de procedencia solamente la forma de elaborarse; la persona, derechos, cultura, psicología, etc.

En la realidad concreta del hablar, los gentilicios que nos ocupan suelen cargarse de sentidos más o menos heterogéneos, determinados por razones contextuales diversas:

De un lado, el mayor o menor prestigio que, por causas económicas, políticas, militares, etc., tenga el pueblo designado, determina que cada uno de ellos se cargue, en mayor o menor medida, de un determinado valor sociolingüístico más o menos claro. Por ejemplo, no cabe duda que actualmente, desde cierto punto de vista (aunque no siempre sea así, porque esto es un problema de pareceres), tiene mucho más prestigio el gentilicio *norteamericano*, que designa al natural de la primera potencia económica, política y militar del mundo, que el gentilicio *español*, que designa al natural de un país mediano, bastante retrasado económica y políticamente y un tanto montaraz. Obviamente, esta valoración sociolingüística, que no suelen recoger los diccionarios por su misma complejidad y a veces por su carácter altamente peyorativo, puede cambiar con el paso del tiempo, dependiendo de la evolución histórica del país de que se trata y de la percepción que los demás tengan de él[5].

De otro lado, y en muchos casos relacionado con lo anterior, pueden los gentilicios formalizar, por desplazamiento metonímico, un sentido calificativo más o menos claro, dependiendo de la cultura, hábitos, actividades, productos, etc., de la gente o del país en que esta vive o de las cualidades que le atribuyen los demás. Es el caso de la forma *campechano* 'natural de Campeche', que ha terminado desarrollando el sentido calificativo general de 'que se comporta con llaneza y cordialidad, sin imponer distancia en el trato', por la fama de cordialidad de que gozan los naturales de Campeche, tierra de vida placentera, según creencia popular; de las formas *risquero* 'natural del Risco de San Nicolás, barrio de Las Palmas de Gran Canaria', e *isletero* 'natural de la Isleta, barrio de la misma ciudad', que han desarrollado igualmente el sentido calificativo de 'de comportamiento vulgar', por el carácter humilde de las gentes de estos barrios; de la forma *mongólico* 'perteneciente o relativo a Mongolia', que ha desarrollado el sentido calificativo 'que padece mongolismo'; *judío* 'natural de Judea', que ha desarrollado el sentido calificativo de 'usurero'; *gallego* 'natural de Galicia', que ha desarrollado el sentido calificativo de 'tonto'; *siamés* 'natural de Siam', que ha desarrollado el sentido calificativo de 'dicho de un hermano gemelo, que nace unido por alguna parte del cuerpo'; *sodomita* 'natural de Sodoma', que ha desarrollado el sentido calificativo de 'que comete sodomía'; *sibarita* 'natural de Sibaris', que ha desarrollado el sentido calificativo de 'que se trata con mucho regalo y refinamien-

5 Un tratamiento más amplio de este problema puede verse en los trabajos de Juana Herrera Santana "La descripción de la competencia comunicativa en los gentilicios de uso no formal en el DRAE-01", *Actas del IV Congreso Internacional de Lexicografía Hispánica*, Tarragona, 2010 (en prensa), "Las marcas sociolingüísticas en los gentilicios y su tratamiento lexicográfico", comunicación presentada en el *III Coloquio de Lingüística del Instituto universitario de lingüística "Andrés Bello"* de la Universidad de La Laguna, celebrado en La Laguna, entre los días 10-13 de mayo de 2011, y "La valoración social de los gentilicios no formales del español", comunicación presentada en el *XVI Congreso Internacional de la Asociación de Lingüística y Filología de la América Latina* (ALFAL), celebrado en Alcalá de Henares entre los días 6 y 9 de junio de 2011.

to'; *lesbiana* 'natural de Lesbos', que ha desarrollado el sentido calificativo de 'mujer homosexual'; *gálico* 'natural de las Galias', que ha desarrollado el sentido de 'sífilis'; etc.[6] Por la misma razón, han llegado los gentilicios *francés*, *griego*, *ruso*, *romano*, *turco*, *árabe*, *florentino*, *sajón*, *japonés*, *sueco*, *napolitano*, *cubana*, *tailandés*, etc., a constituirse en denominaciones más o menos tabúes de determinadas prácticas sexuales. En otros casos, el sentido calificativo no es tan claro, pero existe, por lo menos en ciertos registros. Por ejemplo: el gentilicio *catalán* 'natural de Cataluña' se asocia con el sentido calificativo de 'tacaño'; *polaco* 'natural de Polonia', con el sentido de 'de habla incomprensible'; *murciano* 'natural de Murcia', con el sentido de 'ladrón o maleante'; *francés* 'natural de Francia', con el de 'patriotero o chovinista'; *gomero* 'natural de La Gomera', con el de 'tonto'; *canarión* 'natural de Gran Canaria', con el de 'persona indeseable', en ciertos ámbitos de la isla de Tenerife; etc. Precisamente por ello se prestan a comparaciones diversas (*no seas gomero*, *es más catalán que los catalanes*, *el presidente del gobierno es un poco gallego*) y a extensiones semánticas como denominaciones de los naturales de lugares distintos de los originales. Por ejemplo, a los catalanes se les denomina *polacos*, tal vez porque hablan una lengua distinta del español; a los gracioseros, *italianos*, porque hablan cerrando las vocales finales de palabra; a los habitantes de la ciudad de Las Palmas que veraneaban en el sur de Gran Canaria, *rusos*, acaso por alojarse hacinados en los apartamentos de este importante núcleo turístico de la isla; etc. Obviamente, el uso de los gentilicios de esta manera promueve los estereotipos y los prejuicios que tenemos acerca de los demás pueblos (Herrera Santana 2010). Los sentidos calificativos de los gentilicios serán tanto más evidentes cuanto más desconocido o lejano sea para el hablante el sentido gentilicio originario. Hasta tal punto llega a veces la autonomía de dicho valor calificativo, que pierde toda relación con el gentilicio, dando lugar a un signo nuevo. Es el caso de las formas *galgo* 'se dice de una determinada casta de perro muy ligero', que tienen su origen en la denominación gentilicia *gálico* 'natural de las Galias'.

Más frecuente todavía es, si cabe, la deriva calificativa de los gentilicios morfológicos o internos procedentes de nombres comunes. Es el caso de la

6 Un breve análisis del problema puede verse en Tudora Sandru-Olteano, "Gentilicios transformados en apelativos en español", en *Actas del XII Congreso Internacional de Lingüística y Filología Románicas*, tomo I, Bucarest, 1970, pp. 973-979.

forma *urbano* 'natural de la urbe', que ha desarrollado el sentido calificativo de 'cortés'; de la forma *campesino* 'natural del campo', que ha desarrollado la acepción calificativa general de 'rústico'; de la forma *burgués* 'natural de un burgo medieval', que ha pasado a denotar la idea de 'se dice del ciudadano de clase media o dirigente que se caracteriza por su conformismo' y 'vulgar, mediocre'.

¿Cómo generan los gentilicios morfológicos estos sentidos calificativos? Pues mediante un proceso que podríamos denominar de "impregnación denotativa y sociológica" gradual, que debe estudiar la sociolingüística y la lexicología diacrónica. Por ejemplo, el gentilicio *siberiano* 'natural de Siberia' tiende a emplearse en español con el sentido de 'muy frío', precisamente por los hielos que caracterizan al lugar designado; *campesino* 'natural del campo' se suele entender en el sentido de 'rústico, falto de delicadeza', por alusión a la falta de instrucción de la gente que vive en el campo; etc. Lo que se suele absorber en este proceso de impregnación denotativa y sociolingüística es siempre el rasgo más característico de la realidad designada y la cualidad que atribuyen los otros a las personas aludidas. En cierto modo, se trata de la sempiterna dialéctica entre los dos grandes modos primarios de significar (la mostración y la descripción) y los trasvases entre ellos.

Naturalmente, la convivencia de ambos tipos de acepciones (las gentilicias y las calificativas) resulta en muchos casos enormemente problemática, sobre todo cuando las calificativas son de carácter peyorativo. Cuando esto ocurre, el conflicto se suele resolver, ora creando un nuevo término para la acepción gentilicia y reservando el antiguo para el sentido calificativo, ora eliminando sin más de la expresión el sentido gentilicio. Es lo que ha sucedido en el caso de *pagano*, antiguamente 'natural de un pago', que hoy solamente presenta en español el significado de 'infiel'. Algo parecido le sucede a la forma *villano* 'natural de una villa', que, como sabemos, actualmente se emplea sobre todo en los sentidos calificativos de 'rústico o descortés' y 'ruin, indigno'. De ahí que en Canarias el natural de una villa de las tantas que hay en el archipiélago no sea *villano*, sino *villero*.

Las denominaciones gentilicias que nos ocupan, precisamente por su carácter de unidad léxica fija, presentan el grupo humano que designan de forma particular, existiendo como realidad singular. De ahí que la actualización del gentilicio dependa generalmente de la conciencia que dicho grupo humano tenga de su propia identidad y del interés que sienta por diferenciarse de los pueblos que le son más o menos próximos. Es lo que suele denominarse *gentilicio endógeno*. La mencionada tendencia a dotarse de denominación propia puede ir acompañada de otras reivindicaciones, como independencia política, singularidad cultural, historia particular, etc. Por el contrario, la falta de interés por una denominación gentilicia puede deberse a que el grupo humano en cuestión no siente la necesidad de singularizarse dentro del espacio territorial que comparte con otros grupos humanos. Tal podría ser el caso de gran parte de los pueblos de las islas canarias de Lanzarote, Fuerteventura, Gran Canaria o La Gomera, que, precisamente por tener como ámbito de identidad más la isla que el pequeño territorio que habitan, carecen, como indicamos más arriba, de denominación gentilicia sintética. Parece que lo que cuenta en estos casos es ser de Lanzarote (*conejero*), de Fuerteventura (*majorero*), de Gran Canaria (*grancanario*) y de La Gomera (*gomero*), independientemente del pueblo de la isla en que se haya nacido. El contraste no se establece aquí en el nivel pueblo de la isla frente a otros pueblos de la isla, sino en el nivel isla frente a otras islas. Por ejemplo, al natural de Betancuria o de Pájara, en la isla de Fuerteventura, no parece interesarle su diferencia respecto de los naturales del resto de los pueblos de su isla (Antigua, La Oliva, Tuineje, Tetir, Corralejo, etc.), sino su diferencia respecto del resto de las islas canarias (Lanzarote, Gran Canaria, Tenerife, La Palma, La Gomera y El Hierro) y del resto del mundo.

Aunque personalmente solo lo he oído en contextos muy localizados (concretamente, entre la soldadesca, en ámbitos cuarteleros), la procedencia u origen de una persona puede expresarse también mediante el uso metonímico de los nombres de lugar correspondientes, tal como se pone de manifiesto en los ejemplos que siguen: *¿Cómo llevas la instrucción, Sevilla?*; *Málaga hizo la guardia ya*; *A Jerez le toca cocina hoy*, referencialmente equivalentes a las expresiones *¿Cómo llevas la instrucción, sevillano?*; *El malagueño hizo la guardia ya*; *Al jerezano le toca cocina hoy*. Lo que ocurre en estos contextos es, obviamente, que el topónimo deja de ser topónimo propiamente dicho, y pasa a funcionar como apelativo de la persona natural del lugar designado por aquel, convirtiéndose así en una especie de personificación de dicho lugar. El nombre de lugar significa ahora a la persona de forma directa, y no de forma indirecta, como ocurre en el caso de los gentilicios sintácticos y morfológicos, con lo que dicho nombre pasa a tener dos sentidos distintos, sin que esto implique ninguna anomalía: uno toponímico y otro gentilicio. Por esta vía han llegado muchos topónimos a funcionar como meros apellidos (*Tacoronte*, *Madrid*, *España*, *Sevilla*, *Cáceres*, *Zaragoza*, etc.), aunque hay que tener en cuenta que el origen de algunos de estos apellidos puede estar en los apellidos *de-nombre de lugar* (*de Córdoba*, *de Oviedo*...) que vimos más arriba, con la preposición *de* elidida: *Juan de Madrid* → *Juan Madrid*.

Frente a los gentilicios que hemos denominado *gramaticales*, que expresan el sentido de 'origen espacial' de forma relativa, como relación del nombre de la persona, el animal o la cosa designada con el nombre del lugar de que se trata, los gentilicios léxicos significan el sentido de 'origen' de manera absoluta, sin alusión expresa al lugar de que se trata: v. gr., *morralla* 'natural de Nerja, en Málaga', *gato* 'natural de Madrid'; *vagañete* 'natural de Tazacorte, en la isla de La Palma', *soguero* 'natural de Tindaya, en la isla de Fuerteventura'; *rebelde* 'natural de Gobea, en Álava', *coño* '(en Chile) natural de España'; *pepinero* 'natural de Leganés, en Madrid', *botijo* 'natural de Buendía, en Cuenca', *manta* 'natural de Palencia', *cazurro* 'natural de León', *caga-fiambreras* 'natural de Tamarón de Campos, en Palencia', etc. Se trata de adjetivos o nombres comunes (primitivos, derivados o compuestos) con una fuerte carga descriptiva que hacen alusión a características, comportamientos, hábitos, circunstancias, etc., de las personas designadas, o a particularidades de la tierra en que estas viven, y que, más que los diccionarios generales, suelen recoger los diccionarios especializados en toponimia y gentilicios, como el *Diccionario de gentilicios y pseudogentilicios de la provincia de Albacete*, de María del Pilar Cruz Herrera, *Los gentilicios burlescos de Soria*, de María Villanañe, el *Diccionario de gentilicios toponímicos españoles*, de Tomás de la Torre Aparicio, el *Diccionario de topónimos españoles y sus gentilicios*, de Pancracio Celdrán, el *Catálogo de los gentilicios canarios*, de Gonzalo Ortega Ojeda, etc., etc. No hay aquí reglas gramaticales fijas que permitan generar estas palabras de sentido gentilicio, sino mera creación léxica. De ahí que no se trate de gentilicios *sensu stricto*, sino de nombres o adjetivos "paragentilicios", que poseen mucha más información que la propiamente gentilicia (indicación de origen espacial) y que se aplican en principio solamente a las personas del lugar designado. A veces ni siquiera designan a todos los naturales del lugar, sino simplemente a un segmento social de ellos. Por ejemplo, el paragentilicio *pejín* que se emplea en la comunidad autónoma cántabra no designa a todos los naturales de Santander, sino solamente a los santanderinos de humilde condición social. Digamos que su valor gentilicio es originariamente tangencial, contextual. De ahí que se usen muchas veces como meros atributos de los gentilicios gramaticales, como puede apreciarse en combinaciones como *los madrileños son gatos*, *los santacruceros son chicharreros*, *los de La Oliva son corbatas*, *no todos los santaderinos son pejines*, etc.

Por lo general, se trata de denominaciones dadas por gentes de fuera de la comunidad aludida (normalmente, por vecinos, que, por la misma proximidad, son las personas a las que más inquietamos) que nacen con vocación de burla, ofensa o censura, motivadas por el recelo, el desprecio, la envidia, o simplemente el humor: los laguneros se burlaban de la pobreza de los santacruceros denominándolos *chicharreros*, porque, según ellos, solamente se alimentaban de chicharros, una de las especies de pescado más humilde de los mares canarios; los de Torresaviñán, en Guadalajara, llaman *vendecristos* a los naturales de Fuensaviñán, en la misma provincia, por un pleito relacionado con lindes de terrenos de mancomún que tuvieron en cierta ocasión; los de Villar del Olmo, en Madrid, denominan *indígenas* a los de Nuevo Baztán, también en Madrid, porque, según aquellos, cuesta mucho entenderlos cuando hablan. Su misma morfología, abundante en sufijos de sentido aumentativo como *–ón*, *–udo*, *–ero*, *–oso*, etc., contribuye a potenciar este carácter despectivo o peyorativo que comentamos. De ahí que no constituya ningún disparate clasificar estas palabras como *gentilicios exógenos*, *gentilicios motes*, *gentilicios burlescos* o *pseudogentilicios*, como los han denominado algunos autores. Veremos, sin embargo, que el nombre que más les cuadra es el de *paragentilicios*, porque, si bien es verdad que no son propiamente gentilicios, manifiestan una indiscutible vocación gentilicia (Morera 2011b y 2011c).

Las características, circunstancias, actividades, etc., que más frecuentemente motivan estas denominaciones en la inmensa mayoría de los casos viscerales o malintencionadas, pueden clasificarse en los siguientes tipos:

a) Cualidades físicas de las personas designadas, referidas sobre todo a la estatura, el pelo, la prominencia del estómago, el culo, el aseo, el color, los hábitos, enfermedades, etc., de las personas designadas: v. gr., *pelón*, natural de La Adrada, en Ávila, de Buenaventura, en Toledo, de Granadilla, en Cáceres y de Jirueque, en Gaudalajara; *greñudo*, natural de Fuente Álamo, en Albacete; *hinchado de brevas*, natural de Las Ánimas, en Albacete; *cuello duro*, natural de Artazu de Foronda, en Álava; *chamuscado*, natural de Bubión, en Granada; *culeto*, natural de Agaete, en Gran Canaria; *del culo bajo*, natural de Buenache de Alarcón, en Cuenca; *garrapatoso*, natural de Casasana, en Guadalajara; *tiñoso*, natural de Chillarón del Rey, en Guadalajara, de Hinojosa, en Gualadajara, de Los Hinojosos, en Cuenca, y de Larrodrigo, en Salamanca; *chiquito*, natural de Cogollar, en Guadalajara; *tripón*, natural de Enguidanos, en Cuenca, y de Erla, en Zaragoza; *panzón*, natural de Ituero de Azaba, en Salamanca, y de Enguidanos, en Cuenca; *descarnado*, natural de Foronda, Álava; *ahumado*, natural de Fuencemillar, en Guadalajara; de Majadas de Tiéter, en Extremadura, y de Taracena, en Guadalajara; *cogotudo* y *culiverde*, natural de Fuensanta, en Albacete; *del culo caído*, natural de Fuente de Pedro Naharro, en Cuenca; *dormilón*, natural de Gejo de los Reyes, en Salamanca; *liendrero*, natural de Gurendes, en Álava; *legañoso*, natural de Herguijuela de la Sierra, en Salamanca, y de San Sebastián de La Gomera, en la isla de La Gomera; *gato*, natural de Herradón de Herrera, en Soria, de Madrid, de Hita, en Ciudad Real, de Ledesma, en Salamanca, y de Humilladero, en Málaga; *piojoso*, natural de Hinojosa, en Guadalajara, de Los Hinojosos, en Cuenca, y de Larrodrigo, en Salamanca; *ciego*, natural de Hinojosa de Calatrava, en Ciudad Real; *del hocico reluciente*, natural de Loeches, en Madrid; *meón*, natural de Luciana, en Asturias; *papudo*, natural de El Madroñal, en Salamanca; *almorranero*, natural de Logrosán, en Extremadura; *rabudo*, natural de Monsánchez, en Extremadura; *barriga tiznada*, natural de Portezuelo, en Extremadura; *careto*, natural de Robledollano, en Extremadura; *culogordo*, natural de Romangordo, en Extremadura; *patasgordas*, natural de Santibáñez el Bajo, en Extremadura; *rabinche*, natural de Saucedilla, en Extremadura; *los del cogote largo*, natural de Valdehúncar, en Extremadura; *panciverde*, natural de Juétor-Tájar, en Granada; *pardo*, natural de Zalamea la Real, en Castilla y León, y de Huerta del Marquesado, en Cuenca; *chapetón* '(en Colombia) español', por alusión a la *chapeta* o rojez que se atribuye a los españoles; etc.

b) Cualidades morales o comportamientos de las personas designadas, sobre todo relativas a su comportamiento religioso, valor, generosidad, vanidad, gula, hábitos sexuales, etc., sobre todo si son negativos. Además de adjetivos, destacan en este grupo los usos metafóricos de nombres de animales: v. gr., *paleto*, natural de Ahigal y Albalá, en Extremadura, de Anquela del Pedregal, en Guadalajara, de Gallegos de Argañán, en Salamanca, y de Santa Olalla de Cala, en Huelva; *bruto*, natural de Anguita y Cogolludo, en Guadalajara, de Arroyo de la Luz, en Cáceres, de Galisancho y Gallegos de Argañán, en Salamanca, y de Nuño Gómez, en Toledo; *judío*, natural de Aldeanueva de la Vera y Casar de Palomero, en Extremadura, y de Fuenteguinaldo, en Salamanca; *hereje*, natural de Arriano, en Álava; *adivino*, natural de Almoharín, en Extremadura; *goloso*, natural de Baños de Montemayor, de Madroñera y San Martín de Trevejo, en Extremadura, de Betancuria, en Fuerteventura, de Lozoyuela-Navas-Sieteiglesias, en Madrid, y de Guijo de Santa Bárbara, en Cáceres; *chismoso*, natural de El Cabrero, en Extremadura; *lagarto*, natural de Calzadilla, en Extremadura; *bragado*, natural de Cañaveral, en Extremadura; *fisgón*, natural de Casas de Millán, en Extremadura; *llorón*, natural de Garrovillas de Alconétar, en Extremadura, y de Fuencarral, en Madrid; *zorro*, natural de Herguijuela, en Extremadura, y Lumías, en Soria; *belitre*, natural de Herreruela y Mohedas de Granadilla, en Extremadura, y de Fontanarejo, en Ciudad Real; *cuco*, natural de Hoyos, Santibáñez el Alto y Valdastillas, en Extremadura; *fanfarrón*, natural de Jaraíz de la Vera y de Talaván, en Extremadura; *majadero*, natural de Majadas de Tiétar, en Extremadura; *podenco*, natural de Mesas de Ibor, en Extremadura; *conejo*, natural de Pedroso de Acim, en Extremadura; *brujo*, natural de La Pesga, en Extremadura, de Garcihernández, en Salamanca, y de Fuentelespino de Moya, en Cuenca; *pringón*, natural de Torrejoncillo, en Extremadura; *matonero*, natural de Valdeíñigos, en Extremadura; *mochuelo*, natural de Bañuelos, en Guadalajara; *borrego*, natural de Ciudad Real; *moscón*, natural de Grado, en Asturias; *tarugo*, natural de Pozoblanco, en Córdoba; *raposo*, natural de Rebolledillo de la Orden, y Arreo, en Álava; *buey*, natural de Arriga, en Álava; *lobo*, natural de Arrieta, en Burgos; *atravasado*, natural de Arroba de los Montes, en Ciudad Real, de Bochones, en Guadalajara, de Fuensalida, en Toledo, de Bocígar de Perales, en Soria, y de La Granjuela, en Córdoba; *chapucero*, natural de Asín, en Zaragoza; *chulo*, natural de El Bodón, en Salamanca, de Checa, en Guadalajara, y de Lupiana, en Guadalajara; *horterón*, natural de El Bonillo, en Albacete; *fanfarrón*, natural de Bujalaro, Checa e Imón, en Guadalajara, de Casas de Ibáñez, en Albacete, de Fuenteguinaldo, en Salamanca, de Graja de Iniesta, en Cuenca, de Jaraiz de la Vera, en Cáceres, y de Landete, en Cuenca; *dichoso*, natural de Bujarrabal y Huermeces del Cerro, en

Guadalajara; *tramposo*, natural de Burguillos de Toledo, en Toledo, de Casas de los Pinos, en Cuenca, y de Huertahernando, en Guadalajara; *cariñoso*, natural de Codes, en Guadalajara; *vanidoso*, natural de Chillarón de Cuenca, en Cuenca; *ladrón*, natural de Elche, en Alicante; *interesado*, natural de Elche de la Sierra, en Albacete; *santurrón*, natural de Encinas de Arriba, en Salamanca; *pendón*, natural de Enguidanos, en Cuenca; *roñoso*, natural de Las Eras de Alcalá, en Albacete; *cornudo*, natural de Escalona, en Toledo, y de Jorquera, en Albacete; *ruin*, natural de La Frontera, en Cuenca; *matón*, natural de Fuensalida, en Toledo; *vendecristos*, natural de La Fuensaviñán, Guadalajara; *quimerista*, natural de Fuente de Pedro Naharro, en Cuenca; *cazurro*, natural de León, de la Fuente de San Esteban, en Salamanca, y de la Hortezuela de Océn, en Guadalajara; *farruco*, natural de Galicia; *tosco* y *mulo*, natural de Gallegos de Argañán, en Salamanca; *raposero*, natural de Gardelegui, en Álava; *malediciente*, natural de Garganta la Olla, en Cáceres; *macabeo*, natural de Graja de Campalbo, en Cuenca; *rebelde*, natural de Gobea, en Álava; *embustero*, natural de Guadalajara; *cernícalo*, natural de Guadalcázar, en Córdoba; *zorro*, natural de Herguijuela, en Cáceres; *furtivo*, natural de El Hito, en Ávila; *necio*, natural de Ilarduya, en Álava; *trolero*, natural de Illana, en Guadalajara; *bufón* e *hidalgo*, natural de Iniéstola, en Guadalajara; *roñoso*, natural de Íñigo, en Salamanca; *bárbaro*, natural de Isso, en Albacete; *vago*, natural de Jirueque, en Guadalajara; *poderoso*, natural de Langarica, en Álava; *testarudo*, natural de Oceca, en Álava; *tacaño*, natural de Ocentejo, en Guadalajara; *borracho*, natural de Chiclana de la Frontera, en Cádiz, de Chillarón del Rey y Fuentelencina, en Guadalajara, de Golmés, en Lleida, y de Gómara, en Soria; *jugador*, natural de Huelves, en Cuenca; *maqueto*, emigrante de otras zonas de España al País Vasco; *fachudo*, natural de Corralejo, en Fuerteventura; *ratón*, natural de Villaverde, en Fuerteventura, de El Sotillo, en Guadalajara, de Arrigorriaga, en Vizcaya, de Salinas de Medinaceli, en Soria, de El Cubillo, en Cuenca, de Olmeda de Cobeta, Olmeda de Jadraque y El Sotillo, en Guadalajara, de Sobrón, en Álava, etc., por la abundancia de este animal o por algún rasgo determinado del comportamiento de los habitantes de estos pueblos; etc.

c) Voces, expresiones, pronunciación, etc., que emplean las personas designadas con mayor o menor frecuencia en su hablar cotidiano: v. gr., *gallo*, natural de Los Llanos de Aridane, en La Palma, porque se llaman unos a otros con este nombre; *tico*, natural de Costa Rica, porque abusan de esta terminación diminutiva; *paisa*, natural de la España peninsular (para el canario) y de Medellín, en Colombia, por el frecuente uso apelativo que hacen de este hipocorístico de la voz *paisano*; *abubillo*, natural de Anguijes, en Albacete, porque emplean la interjección *¡a-bu-bu-bu!*; *del ju*, natural de Arroyo de Sujayar, en Albacete, porque emplean la interjección *¡ju!*; *de la patena*, natural de Cogolludo, en Guadalajara, porque emplean frecuentemente este sintagma preposicional como imprecación; *majo*, natural de Collado-Mediano, en Madrid, porque abusan de este apelativo; *del galán* y *del hermoso*, natural de Colmenar de Oreja, en Madrid, porque abusan de ambas palabras en su conversación diaria; *polilla*, natural de Ferez, en Albacete, porque se llaman unos a otros con este nombre; *zorupo*, natural de Fuensanta, también en Albacete, por la misma razón; *gorrino macho*, natural de Fuenteguinaldo, en Salamanca, porque se dice que, en lugar de hablar, gruñen, como los cerdos; *mangos*, natural de Fuentelespino de Haro, en Cuenca, porque usan este nombre para designar a los varones; *del chascado*, natural de Guadalajara, porque emplean el verbo *chascar* en lugar del verbo general *romper*; *de la ih de la pitorra*, natural de Herencia, en Ciudad Real, porque usan esta forma como interjección; *del pucheriyo*, natural de Los Hinojosos, en Cuenca, porque son yeístas; *papo*, natural de Imón, en Guadalajara, por tener esta palabra como remoquete; *bolón*, natural de Lominchar, en Toledo, porque dicen *bolón* por *bolo*; *gilipolla*, natural de Madrid, porque abusan de este insulto; *indígena*, natural de Nuevo Baztan, en Madrid, porque, según los de Villar del Olmo, no se les entiende; *gabacho* (del provenzal *gavach* 'que habla mal') 'natural de Francia', por la creencia de que habla mal; *chocho* '(en El Salvador, sobre todo) natural de Nicaragua', por alusión al hecho de que emplean mucho la interjección *¡chocho!*; *coño* '(en Chile) natural de España', porque abusan de este término; *pucherícho*, natural de Tarazona de la Mancha, en Albacete, porque abusan del sufijo diminutivo *–icho*; *de la lengua golda*, natural de Villarrubia de los Ojos, en Ciudad Real, porque truecan la *r* final de sílaba por *l*; etc.

d) Actividades que realizan, como profesión o afición, las personas designadas. Destacan sobre todo las relacionadas con las faenas marineras, agrícolas, ganaderas, artesanas, etc., del mundo tradicional: v. gr., *cencerrero*, natural de Abecho, en Álava; *naranjero*, natural de Acebo, en Cáceres; *zanahoriero*, natural de El Acebrón, en Cuenca; *caracolero*, natural de Agüero, en

Huesca, y de Erive, en Álava; *cochinero*, natural de Ingenio, en Gran Canaria, y de Icod, en Tenerife; *tamborilero* y *leñador*, natural de Garganta la Olla, en Extremadura; *costalero*, natural de Perales del Puerto, en Extremadura; *barquero*, natural de Robledillo de la Vera, en Extremadura; *lagarero*, natural de Tejeda de Tiétar, en Extremadura, y de Casas del Conde, en Salamanca; *cardador*, natural de Torremocha, en Extremadura; *conquistador*, natural de Trujillo, Extremadura; *pajarero*, natural de Dosbarrios, en Toledo; *calero*, natural de La Ametlla de Mar, en Tarragona; *pucherero*, natural de Arroyo de la Luz, en Cáceres; *vinagrero*, natural de Boadilla del Camino, en Palencia; *botellero*, natural de Boadilla del Monte, en Madrid; *cuchillero*, natural de Bogarra, en Albacete; *cebollero*, natural de Navalvillar de Ibor y Santa Cruz de Paniagua, en Extremadura, de Borax, en Toledo, y de Gáldar, en Gran Canaria; *lechuguino* y *cebollino*, natural de La Granja, en Extremadura; *patatero*, natural de Piornal y El Torno, en Extremadura; *minero*, natural de Plasenzuela, en Extremadura, y de Albendiego, en Guadalajara; *cochero*, natural de Valdemorales, en Extremadura; *esparraguero*, natural de Valdeobispo, en Extremadura; *rabanero*, natural de Argamasilla de Calatrava, en Ciudad Real; *pepinero*, natural de Leganés, en Madrid, y de Fuente de Cantos, en Badajoz; *acelguero*, natural de Buciegas, en Cuenca, y de Gascuña de Bornova, en Guadalajara; *curtidor* y *mielero*, natural de Budia, en Guadalajara; *bizcochero*, natural de La Buenafuente del Sistal, en Guadalajara; *leñador*, natural de Buimango, en Soria; *escriñero* (de *escriño* 'pequeño cesto'), natural de Cabezuela de Salvatierra, en Salamanca; *borriquero*, natural de Cogolludo, en Guadalajara; *tinajero*, natural de Colmenar de Oreja, en Madrid; *morcillero*, natural de Cúllar, en Granada; *titiritero*, natural de Chapinería, en Madrid; *cazuelero*, natural de Echavarri, en Álava; *soguero*, natural de Echavarri, en Álava, de la Fuensaviñán, en Guadalajara, de El Hoyo, en Ávila, y de Tindaya, en Fuerteventura; *sastre*, natural de Echegoyen, en Álava; *habero*, natural de Elvillar, en Álava; *nabero*, natural de Endrinas, en Salamanca; *colmenero*, natural de Fontanosas y de Fuente del Fresno, en Ciudad Real; *yesero*, natural de Fuencemillán, en Guadalajara; *pastor*, natural de Fuensalida, en Guadalajara, de Fuente el Saz del Jarama, en Madrid, y de Fuentebella, en Soria; *mecánico*, natural de La Fuensaviñán, en Guadalajara; *pucherero*, natural de Fuentelencina, en Guadalajara; *pescador*, natural de El Gallego, en Albacete; *carbonero*, natural de Aberasturi, en Álava, de Anquela del Ducado, en Guadalajara, y de Galve de Sobre, en Granada; *cantero*, natural de Golmayo, en Soria; *espartero*, natural de Granatula de Calatrava, en Ciudad Real; *alabardero*, natural de Grandival, en Burgos; *brevero*, natural de Graya, en Albacete; *lentejero*, natural de Guevara, en Álava; *ajero*, natural de Herencia, en Ciudad Real, y de Cogolludo, en Guadalajara; *lechuguero*, natural de Herencia, en Ciudad Real; *quesero*, natural de Hinojosa del Duero, en Salamanca; *cardador*, natural de Hinojosa del Valle, en Badajoz, y de Losana, en Soria; *encajero*, natural de Acebo, en Extremadura; *botonero*, natural de Almoharín, en Extremadura; *rosquillero*, natural de Belvís de Monroy, en Extremadura; *tortero*, natural de Casar de Cáceres, en Extremadura; *tinajero*, natural de Pasarón de la Vera, en Extremadura; *escobero*, natural de Almazul, en Soria; *jarrillero*, natural de Portugalete, Vizcaya; *albardero*, natural de Illana, en Guadalajara; *alpargatero*, natural de Inojosa, en Álava, y de Langa de Duero, en Soria; *espartero*, natural de Leganiel, en Cuenca; *tocinero*, natural de Loarre, en Huesca; *botijero* y *jabonero*, natural de Ocaña, en Toledo; *arquillero*, natural de Ocanz, en Álava; *lebreño*, natural de Adzaneta de Albaida, en Valencia; etc.

e) Atributo, prenda de vestir, etc., que ostentan o usan las personas designadas: v. gr., *corbata*, natural de La Oliva, en Fuerteventura, de Hoya del Peral, en Cuenca, y de Fuentidueña de Tajo, en Madrid; *bragueta torcida*, natural de Ferez, en Albacete; *polaino*, natural de Hijes, en Guadalajara; *faldriquerón*, natural de Illana, en Guadalajara; *los del peine*, natural de Abión, en Soria; *anguarino* (de *anguarina* 'gabán de paño burdo que usaban los labradores para combatir el frío'), natural de Ablenque, en Guadalajara; *refajón*, natural de El Bonillo, en Albacete, porque usaban refajones hasta las rodillas; *del tirante*, natural de Budia, en Guadalajara, por los tirantes que usaban los potentados del lugar; *botijitos* y *cantaritos*, natural de Buendía, en Cuenca, por los que usaban cuando iban a buscar agua a la fuente; *tinajero*, 'natural de Colmenar, en Málaga', por alusión a las tinajas que usaban para destilar anís o fermentar el vino; etc.

f) Productos de alimentación o platos que consumen las personas designadas, sobre todo relacionados con la gastronomía tradicional más humilde: v. gr., *sopetón*, natural de Abia de Obispalía, en Cuenca; *chichotero* (de *chichota* 'carne de cerdo'), natural de Las Anorias y de Hoya Gonzalo, en Albacete; *sopero*, natural de Bocígano, en Guadalajara; *bellotero*, natural de Buenaventura, en Toledo, y de Fuencarral, en Madrid; *pigollero* (de *pigollo* 'retoño del pino'), natural de Graja de Iniesta, en Cuenca; *atolillado* (de *atolillo* 'gachas de harina de maíz, azúcar y huevo'), natural de Lebrancón, en Guadalajara; *pejín*, persona humilde natural de Santander o de las poblaciones costeras de la provincia de Cantabria; *caballa*, natural de Ceuta; *chicharrero*, natural de Santa Cruz de Tenerife; *chicharro*, natural de Torrecillas de la Tiesa, en Extremadura; *boquerón*, natural de Málaga; *cañailla* ('especie de boquerón'), 'natural de San Fernando, en Cádiz; *alaroque* ('especie de boquerón'), 'natural de Cartagena, en Murcia; *huevero*, 'natural de Tindaya, en Fuerteventura'; *morralla*, 'natural de Nerja, en Málaga'; *tito* o *titero*, natural de Serranillos del Valle, en Madrid, porque consumían muchos garbanzos, denominados *titos* en su habla popular; *chocolatero*, natural de Terzaga, en Guadalajara, porque celebran la fiesta de la Virgen de la Cabeza con una merienda con chocolate; etc.

g) Nombre del santo del lugar de referencia: v. gr., *cabezurro*, natural de Adobes, en Guadalajara, porque la patrona del pueblo es la Virgen de la Cabeza; *sampedrinos*, natural de Burujón, en Toledo, porque el santo del pueblo es San Pedro; *del mochuelo*, natural de La Fuentesanta, en Albacete, porque antiguamente tenían como patrón al Santo del Mochuelo; etc.

h) Nombres o apellidos de personas destacadas del lugar de referencia: v. gr., *monterón*, natural de Bochones, Guadalajara, por el apellido *Montero*; *paulino*, natural de Bolaños de Calatrava, en Ciudad Real, por un grupo de bandoleros de la zona denominados *Los Paulinos*; *bartolo*, natural de El Bonillo, en Albacete, porque *Bartolo* es nombre frecuente entre sus habitantes; *catrocho*, 'natural de Honduras', por alusión al nombre del general Florencio Xatruch, héroe militar centroamericano de origen hondureño; *lolo*, natural de Villas-Viejas, en Cuenca, por el nombre de *Dolores*, propietaria de una de las mayores fincas de esta aldea; etc.

i) Nombres de productos, animales, etc., que abundan en el lugar de referencia: v. gr., *almorto*, natural de Casas de San Galindo, en Guadalajara; *melón*, natural de Foios, en Valencia; *ranero*, natural de Fuentealbilla, en Albacete; *trucho*, natural de Gamarra Menor, en Álava; *pinochero*, natural de Guijosa e Iniéstola, en Gualadajara; *machota* (de *machota* 'hierba parecida al esparto'), natural de El Hito, en Álava; *golondrino*, natural de Jodra del Pinar, en Guadalajara; *conejero*, natural de Lanzarote; *zorro*, 'natural de Gaucín, en Málaga', por alusión a los muchos que había en los bosques del pueblo; etc.

j) Hechos anecdóticos particulares ocurridos en el pueblo o protagonizados por sus moradores: *del huevo limado*, natural de El Acebrón, en Cuenca, porque, según los de los pueblos vecinos, liman las cáscaras del huevo para no gastarlo en un día; *de la piedra*, natural de Arrancacepas, en Cuenca, porque un día cayó sobre el pueblo una piedra de una ladera que tenían sujeta con una cadena para que no se viniera abajo; *ministro sin cartera*, natural de Bujalaro, en Guadalajara, porque uno de sus vecinos fue ministro en un gobierno de la dictadura de Franco; *del costal* o *del saco*, natural de Bustarviejo, en Madrid, porque, en cierta ocasión, unos moradores del lugar trasladaron en saco el cadáver de un hombre que habían asesinado; *de la culebra*, natural de Chillarón de Cuenca, porque, para hacerse famosos, en cierta ocasión, sus moradores hicieron correr la noticia de que habían matado una culebra gigante; *cigüeño*, natural de Fuentelahiguera de Altabajes, en Guadalajara, porque, haciendo una pila de cestos para coger un nido de cigüeñas de la torre de la iglesia, al faltarles uno para llegar arriba, cogieron el que estaba debajo, y cayeron todos al suelo; *ballenato*, porque en cierta ocasión en que el río Tajo arrastró una cuba de vino, su propietario gritaba "va llena, va llena", y la gente interpretó que decía que había una ballena en el río; *ahorcaburro*, natural de Gamonal, en Toledo, porque intentaron subir un burro atado por el cuello a la torre de la iglesia, para que se comiera unas matas allí nacidas; *de la vaca pelada*, natural de Graja de Iniesta, en Cuenca, porque en cierta ocasión, para la fiesta de San Jorge, organizaron una capea con una sola vaca; *de la chucha*, natural de Horna, en Guadalajara, porque, persiguiendo una chucha para atarle una lata a la cola, cayeron al río; *quemasantos*, natural de La Huerce, en Guadalajara, por alusión a los que quemaron en la guerra civil; *verraco*, natural de Huerta, en Salamanca, por haber pretendido cambiar una imagen de San Bartolomé por un macho de cerdo; *colgado*, porque de cuando en cuando se ahorca alguno; *criminal*, natural de Laranca de Tajuña, en Guadalajara, porque en la guerra civil se produjeron muchos crímenes entre los vecinos; *ahogado*, natural de Lozoya, en Madrid, por alusión a los que se ahogaban en el río Lozoya; *abubillo*, natural de Madrigal, en Guadalajara, por alusión una abubilla que, en cierta ocasión, se posó en la torre de la iglesia del pueblo; *varraco* o *varraquito*, por alusión al hecho de que en cierta ocasión se comieron un cerdo que los de Fuenlabrada criaban para la fiesta de San Martín; etc.[7]

La circunstancia de que el gentilicio léxico o paragentilicio no se encuentre sometido a reglas, sino que dependa del capricho de los hablantes que lo crean, determina que un mismo grupo humano pueda recibir, simultáneamente o en épocas históricas distintas, más de una de estas denominaciones, dependiendo de la circunstancia, cualidad, profesión, etc., que se tenga en cuenta. Es el caso de los naturales de Santa Ana, en Albacete, que, además de los gentilicios gramaticales de *santaneros* y *manchegos*, reciben las denominaciones paragentilicias de *maliciosos* y *deslinderos*, por la fama que tienen de litigar frecuentemente por linderos de terrenos; *morteretes*, por alusión al nombre de *morterete* con que designan el pan de pequeño tamaño; *solterones*, por los muchos que había en el pueblo; *tardíos*, porque las mujeres solían alumbrar tardíamente; y *trasegados*, porque el pueblo se pobló con gente de distinta procedencia (de la Torre Aparicio 2005: 428-429). Es lo que explica también el carácter tan precario de muchas de estas denominaciones, que quedan a veces en simples tentativas de un limitado grupo de hablantes, lo que las hace tan susceptibles al cambio, e incluso a su olvido. Así, por ejemplo, aunque los naturales de Pozo de Almoguera, en Guadalajara, han recibido tradicionalmente las denominaciones pseudogentilicias de *buenos mozos*, *chuchos*, *gitanos* y *tramposos*, lo cierto es que esta última es prácticamente desconocida en la actualidad. Al parecer, solamente la recuerdan los más ancianos del pueblo (de la Torre Aparicio 2005: 377).

Se ve, por tanto, que, al contrario que los gentilicios gramaticales, los gentilicios léxicos o paragentilicios no solamente poseen una determinada significación descriptiva y gramatical, sino que además están cargados de información acerca de la historia, la economía, la gastronomía, las costumbres, las formas de vestir, etc., de las gentes aludidas, una historia que, en ocasiones, se puede rastrear con más o menos seguridad, como puede apreciarse sobre todo en los libros de los historiadores locales correspondientes. Por ejemplo, los naturales de Alozaína, en Málaga, ostentan el nombre de *pecheros* desde la repoblación del pueblo en la época de los Reyes Católicos, en que su tierras de cultivo se pusieron en manos de pecheros; los naturales de Galaro-

7 Para una muestra más amplia de este material, véase el excelente *Diccionario de gentilicios* de Tomás de la Torre Aparicio, del que procede buena parte del material citado.

za, en Huelva, son *cachoneros* porque solían aprovechar hasta los cachos sanos de los peros que se pudrían, denominados *cachones* en el habla tradicional del lugar; etc. Y, como lo que motiva estas denominaciones tan particulares, son en muchos casos cualidades, comportamientos, profesiones, aficiones, etc., etc., más o menos generales, que pueden darse en cualquier parte del planeta, nada de particular tiene que muchas de ellas aparezcan designando a gentes de geografías distintas, como puede apreciarse en la misma muestra de material que ofrecemos. Por ejemplo: *sogueros* son, no solamente los naturales del pueblo de Tindaya, en la isla de Fuerteventura, sino también los natural de Echavarri, en Álava, de La Fuensaviñán, Cardeñosa y Valfermoso de Tajuña, en Guadalajara, de Las Navas del Marqués, en Ávila, de Valmojado, en Toledo, de El Hoyo, en Ávila, etc., acaso por haberse dedicado todos ellos en algún momento de su historia a la actividad artesanal general de elaborar sogas; *ratones* son, no solamente los naturales del pueblo de Villaverde, en la isla de Fuerteventura, sino también los naturales de Salinas de Medinaceli, en Soria, de El Cubillo, en Cuenca, de Olmeda de Cobeta, Olmeda de Jadraque y El Sotillo, en Guadalajara, de Sobrón, en Álava, etc., por la abundancia de este animal o por algún rasgo determinado del comportamiento de los habitantes de estos pueblos; *conejeros* no son solamente los naturales de la isla de Lanzarote, en Canarias, sino también los naturales de Guadapero, en Salamanca, en el primer caso, por alusión al hecho de que dicha isla se plagó del mencionado roedor tras su conquista castellana, y en el segundo, por la afición que tienen los habitantes de Guadapero a la caza de estos animales (de la Torre Aparicio 2005: 226).

A pesar, sin embargo, de su carácter originariamente despectivo, los gentilicios que nos ocupan, al contrario que los gentilicios gramaticales, evolucionan muy frecuentemente, por desplazamiento metonímico, a gentilicios *sensu stricto*, perdiendo así su originaria significación descriptiva y las connotaciones generalmente peyorativas que esta llevaba aparejadas. Es lo que ha sucedido con las formas *conejero* (de *conejo-ero*), *chicharrero* (de *chicharo-ero*), *bereber* (de la onomatopeya árabe *barbar*), *franco* (del germánico **frank* 'libre, exento'), *gabacho* (del provenzal *gavach* 'que habla mal'), *catrocho* (del apellido *Xatruch*) y *charro* (del vasco *txar* 'defectuoso, débil'), por ejemplo, que de ser denominaciones calificativas de los naturales de Lanzarote, Santa Cruz de Tenerife, el norte de África, Francia, Honduras y Salamanca, respectivamente, han pasado a funcionar como meros gentilicios de dichos lugares, sin la más mínima alusión descriptiva, aunque algunos de ellos, como *bereber* y *gabacho*, por ejemplo, no hayan terminado de desprenderse todavía de sus connotaciones peyorativas. Obviamente, en esta nueva situación, los signos que nos ocupan ya no tienen nada que ver con sus étimos. Por ejemplo, el *franco* que el diccionario define como 'se dice de los pueblos germanos de Franconia y del bajo Rin, que conquistaron Francia y le dieron su nombre', aunque procede del *franco* 'libre, exento', no tiene ninguna relación sincrónica con él. Por eso, hacen mal los diccionarios al uso cuando incluyen las acepciones calificativas y gentilicias de los adjetivos que las poseen, como hace el DRAE en el caso que nos ocupa. Hasta tal punto se pierde en este proceso semántico el valor originario, que en muchas ocasiones ni siquiera históricamente es posible determinarlo con seguridad. Es lo que ha sucedido en el caso de los gentilicios léxicos *maño*, *vagañete*, *hispano*, *ítalo*, *yanqui*, *pucelano*, etc., que los estudiosos suelen considerar como de etimología discutida, desconocida o incierta, según los casos. Esta frecuente pérdida de relación con el origen es la que explica la enorme cantidad de explicaciones peregrinas (generalmente, divergentes) que suelen atribuir a estas denominaciones los mismos que las utilizan y los aficionados a la historia.

Una vez convertidos en gentilicios con todas las de la ley, los gentilicios originariamente léxicos pasan a comportarse casi como los gentilicios gramaticales. Primero, pasan a designar también animales y cosas (*vino conejero*, *ayuntamiento vagañete*, *carnavales chicharreros*, etc.). Segundo, pueden ampliar su extensión territorial. Por ejemplo, la forma *chicharrero* que designaba a los naturales de Santa Cruz de Tenerife exclusivamente ha pasado con el tiempo a designar a los naturales de la isla de Tenerife en su totalidad. Tercero, pueden desarrollar sentidos calificativos más o menos generales. La forma *vándalo* 'se dice del individuo perteneciente a un pueblo bárbaro de origen germánico oriental procedente de Escadinavia', por ejemplo, de origen léxico (parece que procede del germánico *wandliaz* 'el que vaga'), ha terminado desarrollado la acepción calificativa 'hombre que comente acciones propias de gente salvaje y desalmada'; *godo* 'se dice de un individuo de un antiguo pueblo germánico, fundador de reinos en España e Italia' (al parecer también de origen léxico), ha desarrollado en Canarias y América la acepción calificativa de 'español peninsular prepotente'.

El único rasgo propio del paragentilicio convertido en gentilicio es que puede actuar como base para la creación del nombre del lugar al que se refiere. Así, del gentilicio léxico *ítalo* surgió el topónimo *Italia*; de *bereber*, el topónimo *Berbería*; de *franco*, el topónimo *Francia*; de *hispano*, el topónimo *Hispania* (> *España*); etc. Incluso por derivación regresiva pueden, esporádicamente, surgir los topónimos de los gentilicios léxicos o primitivos. Es el caso de citado *chicharrero* 'natural de Santa Cruz de Tenerife', del que han derivado algunos tinerfeños la forma *El Chicharro* con que designan informalmente a la ciudad de Santa Cruz de Tenerife, patria originaria del chicharrero.

La génesis y evolución de los gentilicios léxicos son, por tanto, totalmente opuestas a la génesis y evolución de los gentilicios gramaticales. En estos, se parte del topónimo, que actúa como forma primitiva, y de él se deriva el gentilicio; en aquellos, se parte del gentilicio, que es la forma que actúa como primitiva, y de ella se deriva el topónimo, con todo lo que ello implica desde el punto de vista semántico-lingüístico y cultural (Morera 2011a).

Por lo demás, hay que decir que, cuando un pueblo dispone tanto de gentilicio léxico como de gentilicio gramatical, por lo general cada uno de ellos se suele usar en registros lingüísticos distintos: el gramatical se suele usar en registros formales o cultos; el léxico se suele usar en registros más informales o populares. Por ejemplo, como sabemos, los naturales de Lanzarote son tanto *conejeros* como *lanzaroteños*, pero la forma *conejero* es más popular que la forma *lanzaroteño*. La existencia de ambas denominaciones es a veces meramente transitoria, pues lo normal es que el uso tienda a eliminar una de ellas, en favor de la otra.

Del análisis semántico-lingüístico, denotativo, connotativo e histórico que acabamos de hacer, se pueden extraer las siguientes conclusiones más o menos generales:

Primero, que esa categoría semántica que la tradición gramatical suele denominar *gentilicio*, que designa origen espacial de una u otra manera, no es realmente una función semántica invariante de las lenguas naturales, sino una función referencial más o menos delimitada. Si *de*, *–ero* o *–ano* presentan sentido gentilicio en *de Sevilla*, *cartagenero* y *murciano*, respectivamente, es por razones contextuales, no porque presenten una significación distinta de la que presentan en combinaciones como *de madera*, *de Juan*, *niñero*, *salmone-*

ro, *perchero*, *machadiano*, *secano*, *microbiano* o *lejano*. Lo que es diferente en ambos contextos no es la función semántico lingüística de estos signos, sino su función referencial.

Segundo, que, como función referencial que es, el contenido gentilicio puede expresarse de forma lingüísticamente diversa. Concretamente en español, se puede expresar, y de hecho se expresa, de dos maneras radicalmente distintas: a) De forma gramatical o relacional, a partir del nombre del lugar de que se trata, que se presenta así como término de una relación. A su vez, esta relación gramatical puede ser de dos tipos: aa) De tipo sintáctico, mediante la preposición de 'movimiento de alejamiento visto desde el origen' *de*, que presenta el nombre de lugar como punto de partida de dicha relación. Es lo que más propiamente se puede denominar gentilicio, porque el contenido de origen se expresa formalmente; ab) De tipo morfológico, mediante un sufijo que cuantifica de una u otra manera la sustancia del nombre de lugar de base. En este caso, el contenido de origen es puramente contextual; b) De forma léxica, describiendo de una u otra forma la persona designada, sin alusión directa al lugar de referencia. Lo que interesa aquí es más la cualidad, la experiencia, el comportamiento, la historia, etc., de la persona designada, que su lugar de procedencia propiamente dicho. Se trata de denominaciones descriptivas inventadas generalmente por gentes ajenas al grupo humano del que se trata y que presentan originariamente una carga peyorativa más o menos evidente. De ahí que, más que de gentilicios, se trate realmente de paragentilicios.

Tercero, que, con el tiempo, gentilicios gramaticales o gentilicios propios y gentilicios léxicos o paragentilicios suelen evolucionar en sentidos radicalmente distintos. Por una parte, muchos gentilicios gramaticales, impregnados de alguna connotación de las personas o la tierra que designan, suelen evolucionar, por desplazamiento metonímico, a funciones adjetivas calificativas, donde desaparece el sentido toponímico. Digamos que pasan de ser adjetivos relacionales o ser adjetivos calificativos. Por otra, muchos gentilicios léxicos o paragentilicios, impregnados de la connotación del lugar al que pertenecen las personas que designan, suelen perder su significación léxica y las connotaciones generalmente peyorativas que adquirieron al nacer, y fijarse, también por desplazamiento metonímico, en sentido puramente gentilicios. Digamos que pasan de ser adjetivos calificativos a ser adjetivos relacionales. Una vez convertidas en gentilicio con todas las de la ley, estas denominaciones pueden actuar incluso como base para formar el nombre del lugar que ocupan las gentes que designan. Lo que tenemos aquí es la eterna dialéctica idiomática entre signos mostrativos y signos descriptivos: los gentilicios gramaticales, como derivados de nombres propios que son, presentan valor mostrativo o identificador, y con el tiempo se convierten en descriptivos; los paragentilicios, como nombres descriptivos que son, presentan valor léxico, y con el tiempo se convierte en signos mostrativos.

Cuarto, que existen dos tipos de gentilicios gramaticales desde el punto de vista de la naturaleza semántica del nombre de lugar de base: a) Gentilicios gramaticales derivados de nombres propios de lugar. Son lo que más propiamente pueden denominarse gentilicios, por el carácter identificador, no descriptivo, de la base. Se trata de palabras que indican relación de origen de un lugar único; b) Gentilicios gramaticales derivados de nombres comunes de lugar. Su valor gentilicio es menos claro que el de los anteriores, precisamente porque tienen como base un nombre común, un nombre que significa, no 'lugar', sino 'clase de lugares'. Se trata, por tanto, de palabras que indican relación de origen respecto de una clase de lugares.

Quinto, que las denominaciones gentilicias, sean gramaticales o léxicas, suelen desarrollar matices de sentido distintas dependiendo de la referencia del nombre que las rige. Si las rige un nombre designativo de persona, entonces desarrollan un matiz propiamente gentilicio, porque se refiere a "gens". De ahí que los diccionarios al uso definan esta acepción del gentilicio como 'natural de'. La persona nacida en un lugar no solamente procede de él, sino que además posee determinados derechos sobre él, está marcado por sus circunstancias históricas, geográficas, culturales, etc. Las personas se encuentran enormemente determinadas por el lugar de nacimiento. Si lo que rige al gentilicio es un nombre designativo de animal o cosa, entonces la relación se entiende más propiamente en el sentido de pertenencia. De ahí que los diccionarios al uso definan esta acepción del gentilicio como 'perteneciente o relativo a'. El animal nacido en un lugar o la cosa natural o artificial producida en él no tienen más relación con dicho lugar que el hecho referido. Se trata, por tanto, de usos de las mencionadas palabras cuyo sentido gentilicio es más discutible.

Referencias bibliográficas (I)

Academia (2009) = Real Academia Española / Asociación de Academias de la Lengua Española (2009), *Nueva gramática de la lengua española. Morfología*, I, Espasa Calpe, Madrid.

Academia (1976) = Real Academia Española (1976), *Esbozo de una nueva gramática de la lengua española*, Espasa Calpe, Madrid.

Alcina Franch, Juan y José Manuel Blecua (1975), *Gramática española*, Ariel, Barcelona.

Alarcos Llorach, Emilio (1994), *Gramática de la lengua española*, Espasa Calpe, Madrid.

Alvar, Manuel y Bernard Pottier (1983), *Morfología histórica del español*, Gredos, Madrid.

Alvar Ezquerra, Manuel (2000), *Tesoro lexicográfico de las hablas andaluzas*, Arco/Libros, Madrid.

Ambadiang, Théophile (1999), "La flexión nominal. Género y número", en I. Bosque y V. Demonte (dirs.), *Gramática descriptiva de la lengua española*. Vol. 3: *Entre la oración y el discurso. Morfología*, Espasa Calpe, Madrid, pp. 4843-4913.

Bello, Andrés (1981), *Gramática de la lengua castellana. Destinada al uso de los americanos* (edición de Ramón Trujillo), Instituto Universitario de Lingüística Andrés Bello, La Laguna, Tenerife.

Benveniste, Émile (1966), "Actif et moyen dans le verbe", en *Problèmes de linguistique général*, Gallimard, France, pp. 168-175.

Corominas, Joan (1980), *Diccionario crítico-etimológico castellano-hispánico*, Gredos, Madrid.

Cuervo, Rufino José (1954), "Sobre los usos del sufijo *–o* en castellano", en *Disquisiciones sobre filología castellana*, Instituto Caro y Cuervo, Bogotá.

Dolet, Étienne (1540), *De la manière de bien traduire d'une langue en aultre*, traducido por Jesús Cantera, en M. Á. Vega (2004), *Textos clásicos de teoría de la traducción*, Cátedra, Madrid, pp. 125-128.

DRAE = Real Academia Española (2001), *Diccionario de la lengua española*, Espasa Calpe, Madrid.

Figueiredo, Cândido (1986), *Dicionário da língua portuguesa*, Bertrand Editora, Lisboa.

Hjelmslev, Louis (1976), *Sistema lingüístico y cambio lingüístico*, Gredos, Madrid.

Lliteras, Margarita (2008), "Del género derivativo al género flexivo", *Gramma-Temas 3: España y Portugal en la tradición gramatical* (colección *Contextos*, 18), Universidad de León, León, pp. 125-148.

Lorenzo, Antonio, Marcial Morera y Gonzalo Ortega (1994), *Diccionario de canarismos*, Francisco Lemus Editor, La Laguna, Tenerife.

Millán Chivite, Fernando (1994), "Tipología semántica de la oposición de género no sexuado en español", *Cauce* 17, pp. 53-73.

Morera, Marcial (1985), "El valor del género en español y el caso particular del sustantivo *mar*", *Revista de Filología de la Universidad de La Laguna* 4, pp. 107-123.

—— (1994), *El español tradicional de Fuerteventura*, Centro de la Cultura Popular Canaria, La Laguna, Tenerife.

—— (1999), *Apuntes para una gramática del español de base semántica. Morfología*, Cabildo de Fuerteventura, Puerto del Rosario.

—— (2005), *La complementación morfológica en español. Ensayo de interpretación semántica*, Peter Lang, Frankfurt am Main.

Murillo, Jesús E. (1999), "La marcación del género en los sustantivos del español: entre la flexión y la derivación", *Revista de Filología y Lingüística de la Universidad de Costa Rica* XXV (1), pp. 181-192.

Pottier, Bernard (1959), *Introduction à l'étude de la morphosyntaxe espagnol*, Ediciones Hispano-Americanas, París.

Roca, Ignacio M. (2009), "Todas las vascas son vascos, y muchos vascos también vascas. Género y sexo en el castellano", *Boletín de la Academia Española*, tomo LXXXIX, cuaderno CCXCIX, enero-junio de 2009, pp. 77-117.

Rodríguez Herrera, Esteban (1947), *Observaciones acerca del género de los nombres*, 2 tomos, La Habana.

Rosenblat, Ángel (1943-1946), *Notas de morfología dialectal*, apéndice al tomo II de A. Macedonio Espinosa, *Estudios sobre el español de Nuevo Méjico*, Biblioteca de Dialectología Hispánica, Buenos Aires.

Sánchez-Llamosas, José P. (1982), *El habla de Castro*, Ediciones Irenia, Madrid.

Seco, Rafael (1975), *Manual de gramática española*, Aguilar, Madrid.

Serrano-Dolader, David (2010), "El género en los sustantivos: ¿flexión y/o derivación?", en J. F. Val Álvaro y M. del C. Horno Chéliz (eds.), *La gramática del sentido: léxico y sintaxis en la encrucijada*, Prensas Universitarias de Zaragoza, Zaragoza, pp. 249-270.

Snell, Bruno (1971), *La estructura del lenguaje*, Gredos, Madrid.

Referencias bibliográficas (II)

Academia (2009) = Real Academia Española / Asociación de Academias de la Lengua Española (2009), *Nueva gramática de la lengua española. Morfología*, I, Espasa Calpe, Madrid.

Celdrán Gomáriz, Pancracio (2009), *Diccionario de topónimos españoles y sus gentilicios*, Espasa Calpe, Madrid.

Cruz Herrera, María del Pilar (1993), *Diccionario de gentilicios y seudogentilicios de la provincia de Albacete*, Diputación Provincial de Albacete; Albacete.

DRAE = Real Academia Española (2001), *Diccionario de la lengua española*, Espasa Calpe, Madrid.

Ferreccio Podestá, Mario (2006), "Una singularidad en la formación de los gentilicios: irradiación, cognados y afines", *ONOMÁZEIN* 13, pp. 177-189.

García Padrón, Dolores, "Tipos de alogentilicios y su descripción en los diccionarios académicos españoles", en *Actas del IV Congreso Internacional de Lexicografía Hispánica*, Universitat Rovira i Virgili, Tarragona, 20-23 de septiembre de 2010 (en prensa).

Herrera Santana, Juana (2010), "La descripción de la competencia comunicativa en los gentilicios de uso no formal en el DRAE-01", en *Actas del IV Congreso Internacional de Lexicografía Hispánica*, Universitat Rovira i Virgili, Tarragona, 20-23 de septiembre de 2010 (en prensa).

—— (2011a), "Las marcas sociolingüísticas en los gentilicios y su tratamiento lexicográfico", comunicación presentada en el *III Coloquio del Instituto universitario de lingüística "Andrés Bello"*, Universidad de La Laguna, La Laguna, 10-13 de mayo de 2011.

—— (2011b), "La valoración social de los gentilicios no formales del español", comunicación presentada en el *XVI Congreso Internacional de la Asociación de Lingüística y Filología de la América Latina* (ALFAL), Alcalá de Henares (Madrid), 6-9 de junio de 2011.

Kremer, Dieter (1988), "Onomástica e historia de la lengua", en *Actas del Primer Congreso Internacional de Historia de la Lengua Española*, vol. 2, Madrid, pp. 1583-1612.

Morera, Marcial (2011a), "La norma morfológica de los gentilicios españoles: del topónimo al gentilicio y del gentilicio al topónimo", en Edyta Waluch-de la Torre, *La norma lingüística del español*, Instituto de Estudios Ibéricos e Iberoamericanos de la Universidad de Varsovia, Varsovia.

—— (2011b), "La ampliación designativa de los gentilicios", comunicación presentada en el *III Coloquio del Instituto Universitario de Lingüística "Andrés Bello"*, Universidad de La Laguna, La Laguna, 11-13 de mayo de 2011.

—— (2011c), "El concepto de gentilicio", comunicación presentada en el *XVI Congreso Internacional de la Asociación de Lingüística y Filología de América Latina* (ALFAL), Alcalá de Henares (Madrid), 6-9 de junio de 2011.

Núñez, Luis Pablo (2005), "La morfología derivativa de los gentilicios en español", *Interlingüística* 15, pp. 1047-1056.

Ortega Ojeda, Gonzalo (2008), *Catálogo de los gentilicios canarios*, Academia Canaria de la Lengua, Islas Canarias.

Sandru-Olteanu, Tudora (1970), "Gentilicios transformados en apelativos en español", en *Actas del XII Congreso Internacional de Lingüística y Filología Románicas*, tomo I, Bucarest, pp. 973-979.

Torre Aparicio, Tomás de la (2005), *Diccionario de gentilicios: toponímicos españoles (incluye: apodos y motes, coplillas, dichos, datos curiosos, etc.)*, tomo I, Vision Net, Madrid.

Valdivieso, Humberto y Jaime Soto-Barba (2002), "Condiciones y restricciones sociales para la aparición y formación de los gentilicios", *Nueva Revista del Pacífico* 47, pp. 43-51.

Villanañe, María (1998), *Los gentilicios burlescos de Soria*, Centro Soriano de Estudios Tradicionales, Soria.

Studien zur romanischen Sprachwissenschaft und interkulturellen Kommunikation

Herausgegeben von Gerd Wotjak

Band 1 Gerd Wotjak (ed.): Teoría del campo y semántica léxica. Théorie des champs et sémantique lexicale. 1998.

Band 2 Eva Martha Eckkrammer / Hildegund Maria Eder: (Cyber)Diskurs zwischen Konvention und Revolution. Eine multilinguale textlinguistische Analyse von Gebrauchstextsorten im realen und virtuellen Raum. 2000.

Band 3 Monika Gräfe: Untersuchungen zur Konstituentenabfolge spanischer Adverbiale auf Satz- und Textebene mit EDV-gestützter quantitativer Analyse. 2000.

Band 4 Juan Pablo Larreta Zulategui: Fraseología contrastiva del alemán y el español. Teoría y práctica a partir de un corpus bilingüe de somatismos. 2001.

Band 5 Catalina Jiménez Hurtado: Léxico y Pragmática. 2001.

Band 6 Félix Jiménez Ramírez: El español en la Suiza alemana. Estudio de las características lingüísticas e identitarias del español de la segunda generación en una situación de contacto de lenguas. 2001.

Band 7 Gerd Wotjak (Hrsg.): Studien zum romanisch-deutschen und innerromanischen Sprachvergleich. Akten der IV. Internationalen Tagung zum romanisch-deutschen und innerromanischen Sprachvergleich (Leipzig, 7.10.-9.10.1999). 2001.

Band 8 Romanische Sprachen in Amerika. Festschrift für Hans-Dieter Paufler zum 65. Geburtstag. Herausgegeben von Kerstin Störl und Johannes Klare. 2002.

Band 9 José-Antonio Calañas Continente: El dominio léxico *Existencia* en alemán. Diccionario lexemático-funcional alemán-español del lexicón verbal básico. 2002.

Band 10 Gabriele Blaikner-Hohenwart (Hrsg.): Portugiesisch, Papiamentu et al. Salzburger Beiträge zu Prozessen und Produkten der Translation in der Romania. 2003.

Band 11 Juan Cuartero Otal: Cosas que se hacen. Esquemas sintáctico-semánticos agentivos del español. 2003.

Band 12 Michael Schreiber: Vergleichende Studien zur romanischen und deutschen Grammatikographie. 2004.

Band 13 Carmen Mellado Blanco: Fraseologismos somáticos del alemán. Un estudio léxico-semántico. 2004.

Band 14 Henk Vanhoe: Aspectos de la sintaxis de los verbos psicológicos en español. Un análisis léxico funcional. 2004.

Band 15 Susana Azpiazu: Las estrategias de nominalización. Estudio contrastivo del estilo nominal. 2004.

Band 16 Meike Meliss: Recursos lingüísticos alemanes relativos a "GERÄUSCH" y sus posibles correspondencias en español. Un estudio lexicológico modular-integrativo. 2005.

Band 17 Marcial Morera: La Complementación Morfológica en Español. Ensayo de Interpretación Semántica. 2005.

Band 18 Alberto Bustos Plaza: Combinaciones verbonominales y lexicalización. 2005.

Band 19 Jean Peeters (ed.): On the Relationships between Translation Theory and Translation Practice. 2005.

Band 20 María José Domínguez Vázquez: Die Präpositivergänzung im Deutschen und im Spanischen. Zur Semantik der Präpositionen. 2005.

Band 21 Thomas J. C. Hüsgen: Vom getreuen Boten zum nachdichterischen Autor. Übersetzungskritische Analyse von Fernando Pessoas *Livro do Desassossego* in deutscher Sprache. 2005.

Band 22 Gerd Wotjak / Juan Cuartero Otal (eds.): Entre semántica léxica, teoría del léxico y sintaxis. 2005.

Band 23 Manuel Casado Velarde / Ramón González Ruiz / Óscar Loureda Lamas (eds.): Estudios sobre lo metalingüístico (en español). 2005.

Band 24 Celia Martín de León: Contenedores, recorridos y metas. Metáforas en la traductología funcionalista. 2005.

Band 25 Ulrike Oster: Las relaciones semánticas de términos polilexemáticos. Estudio contrastivo alemán-español. 2005.

Band 26 María Teresa Sánchez Nieto: Las construcciones perifrásticas españolas de significado evaluativo y sus equivalentes alemanes en la traducción. Con ejercicios para la clase de español como lengua extranjera. 2005.

Band 27 María Amparo Montaner Montava: Análisis cognitivo-perceptivo de la combinatoria de los verbos de transferencia. Se incluye CD-ROM con actividades para estudiantes de lingüística, lenguas y traducción. 2005.

Band 28 Clara Curell: Contribución al estudio de la interferencia lingüística. Los galicismos del español contemporáneo. 2005.

Band 29 Antonio Pamies / Francisca Rodríguez Simón: El lenguaje de los enfermos. Metáfora y fraseología en el habla espontánea de los pacientes. 2005.

Band 30 Gisela Marcelo Wirnitzer: Traducción de las referencias culturales en la literatura infantil y juvenil. 2007.

Band 31 Elena De Miguel/Azucena Palacios/Ana Serradilla (eds.): Estructuras Léxicas y Estructura del Léxico. 2006.

Band 32 Esteban Tomás Montoro del Arco: Teoría fraseológica de las *locuciones particulares*. Las locuciones prepositivas, conjuntivas y marcadoras en español. 2006.

Band 33 Nicola Matschke: Zeitgenössische französische Bibelübersetzungen: exemplarische textlinguistische und stilistische Übersetzungsprobleme. 2006.

Band 34 Mónica Aznárez Mauleón: La fraseología metalingüística con verbos de lengua en español actual. 2006.

Band 35 Moisés Almela Sánchez: From Word to Lexical Units. A Corpus-Driven Account of Collocation and Idiomatic Patterning in English and English-Spanish. 2006.

Band 36 Marta Albelda Marco: La intensificación como categoría pragmática: revisión y propuesta. Una aplicación al español coloquial. 2007.

Band 37 María del Carmen África Vidal Claramonte: Traducir entre culturas. Diferencias, poderes, identidades. 2007.

Band 38 Maria Eugênia Olímpio de Oliveira Silva: Fraseografía teórica y práctica. 2007.

Band 39 Catalina Jiménez Hurtado (ed.): Traducción y accesibilidad. Subtitulación para sordos y audiodescripción para ciegos: nuevas modalidades de Traducción Audiovisual. 2007.

Band 40 Emilio Ortega Arjonilla (ed.): El Giro Cultural de la Traducción. Reflexiones teóricas y aplicaciones didácticas. 2007.

Band 41 María Álvarez de la Granja (ed.): Lenguaje figurado y motivación. Una perspectiva desde la fraseología. 2008.

Band 42 Kathrin Siebold: Actos de habla y cortesía verbal en español y en alemán. Estudio pragmalingüístico e intercultural. 2008.

Band 43 Germán Conde Tarrío (ed.): Aspectos formales y discursivos de las expresiones fijas. 2008.

Band 44 Carmen Mellado Blanco (ed.): Colocaciones y fraseología en los diccionarios. 2008.

Band 45 Leonor Ruiz Gurillo / Xose A. Padilla García (eds.): *Dime cómo ironizas y te diré quién eres*. Una aproximación pragmática a la ironía. 2009.

Band 46 María Cecilia Ainciburu: Aspectos del aprendizaje del vocabulario. Tipo de palabra, método, contexto y grado de competencia en las lenguas afines. 2008.

Band 47 Susana Rodríguez Rosique: Pragmática y Gramática. Condicionales concesivas en español. 2008.

Band 48 Daniel Veith: Italienisch am Río de la Plata. Ein Beitrag zur Sprachkontaktforschung. 2008.

Babd 49 Gloria Corpas Pastor: Investigar con corpus en traducción: los retos de un nuevo paradigma. 2008.

Band 50 Maurício Cardozo / Werner Heidermann / Markus J. Weininger (eds.): A Escola Tradutológica de Leipzig. 2009.

Band 51 Luis Alexis Amador Rodríguez: La derivación nominal en español: nombres de agente, instrumento, lugar y acción. 2009.

Band 52 José-Luis Mendívil Giró: Origen, evolución y diversidad de las lenguas. Una aproximación biolingüística. 2009.

Band 53 Victòria Alsina / Gemma Andújar / Mercé Tricás (eds.): La representación del discurso individual en traducción. 2009.

Band 54 Sonia Bravo Utrera / Rosario García López (eds.): Estudios de Traducción: Perspectivas. Zinaida Lvóskaya in memoriam. 2009.

Band 55 Carlos Buján López / María José Domínguez Vázquez (eds.): Centros y periferias en España y Austria: Perspectivas lingüísticas y traductológicas. 2009.

Band 56 María Azucena Penas / Rosario González (eds.): Estudios sobre el texto. Nuevos enfoques y propuestas. 2009.

Band 57 Juan Pedro Monferrer-Sala / Àngel Urbán (eds.): Sacred Text. Explorations in Lexicography. 2009.

Band 58 Gerd Wotjak / Vessela Ivanova / Encarnación Tabares Plasencia (Hrsg./eds.): *Translatione via facienda*. Festschrift für Christiane Nord zum 65. Geburtstag / Homenaje a Christiane Nord en su 65 cumpleaños. Herausgegeben von Gerd Wotjak, Vessela Ivanova und Encarnación Tabares Placencia / Editado por Gerd Wotjak, Vessela Ivanova y Encarnación Tabares Placencia. 2009.

Band 59 M. Belén Alvarado Ortega: Las fórmulas rutinarias del español: teoría y aplicaciones. 2010.

Band 60 Louisa Buckingham: Las construcciones con verbo soporte en un corpus de especialidad. 2009.

Band 61 Martin Mehlberg: Weil man es so sagt. Wissenschaftstheoretische und valenzlexikographische Überlegungen zu ausgewählten Aspekten der lexikalischen Variation. 2010.

Band 62 Miguel Albi Aparicio: La valencia lógico-semántica de los verbos de movimiento y posición en alemán y español. 2010.

Band 63 Concepción Martínez Pasamar (ed.): Estrategias argumentativas en el discurso periodístico. 2010.

Band 64 Regina Gutiérrez Pérez: Estudio cognitivo-contrastivo de las metáforas del cuerpo. Análisis empírico del corazón como dominio fuente en inglés, francés, español, alemán e italiano. 2010.

Band 65 Dolores García Padrón / María del Carmen Fumero Pérez (eds.): Tendencias en lingüística general y aplicada. 2010.

Band 66 Aquilino Sánchez / Moisés Almela (eds.): A Mosaic of Corpus Linguistics. Selected Approaches. 2010.

Band 67 Maria Carmen Àfrica Vidal Claramonte: Traducción y asimetría. 2010.

Band 68 Ana Maria Garcia Bernardo: Zu aktuellen Grundfragen der Übersetzungswissenschaft. 2010.

Band 69 María Cristina Toledo Báez: El resumen automático y la evaluación de traducciones en el contexto de la traducción especializada. 2010.

Band 70 Elia Hernández Socas: Las Islas Canarias en viajeras de lengua alemana. 2010.

Band 71 Ramón Trujillo: La gramática de la poesía. 2011.

Band 72 Maria Estellés Arguedas: Gramaticalización y paradigmas. Un estudio a partir de los denominados marcadores de digresión en español. 2011.

Band 73 Inés Olza Moreno: Corporalidad y lenguaje. La fraseología somática metalingüística del español. 2011.

Band 74 Ana Belén Martínez López: Traducción y terminología en el ámbito biosanitario (inglés-español). 2011.

Band 75 Carsten Sinner / Elia Hernández Socas / Christian Bahr (eds.): Tiempo, espacio y relaciones-temporales. Nuevas aportaciones de los estudios contrastivos. 2011.

Band 76 Elvira Manero Richard: Perspectivas lingüísticas sobre el refrán. El refranero metalingüístico del español. 2011.

Band 77 Marcial Morera: El género grammatical en español desde el punto de vista semantico. 2011.

www.peterlang.de